Innovation in Education

Lessons from Pioneers around the World

可复制的教育创新

改变世界的重要力量

[英] 查理斯·里德比特 著
[法] 罗曼·斯塔罗斯·斯塔罗普利 摄
李茂 译

wise
world innovation summit for education
an initiative of
Qatar Foundation
中国人民大学出版社

Joelma
Christine
Silva
Alyssa
Llenas

INNOVATION

目录 IN

EDUCATION

LESSONS FROM PIONEERS AROUND THE WORLD

前　言

世界教育创新峰会（WISE）主席，哈马德·本·哈利法塔大学校长，卡塔尔基金会教育副总裁阿卜杜拉·本·阿里·阿勒萨尼（H.E. Sheikh Abdulla bin Ali Al-Thani）博士

当卡塔尔教育、科学与社区发展基金会主席莫扎王妃（Sheikha Moza bint Nasser）约3年前请我们发起一个旨在提升全民教育的国际性跨领域项目时，我们知道这是一个雄心勃勃但又极端重要的任务。

在人类历史的绝大多数时间里，教育一直为少数人所独享。因而遗憾的是，我们共有的潜力只有很少一部分得以应用。今天，社会、经济与技术的飞速发展已经把我们带到了一个时间节点上，教育不应再被视为特权，而是——个体及社群——过上有品质的生活的一个先决条件，无论是在发达国家还是在发展中国家。简而言之，它是获得融入与机会的通行证。

不幸的是，大大小小的教育系统并未实现这个转变。太多的时候，我们的孩子在进入成年时并未获得能使他们应对不确定未来的工具。增量改变已经不够了——我们需要变革型领导力。我们的挑战便是朝这个方向迈进，在当下占主导的各种情形之下寻找出路，同时尊重并培育作为我们共同遗产的文化的丰富多样性。

这些全球进程同时也为我们提供了巨大的机

Foreword

会——互联互通，形成网络，分享想法与最佳实践。世界教育创新峰会（WISE, World Innovation Summit for Education）的创办目的便是抓住这个机会，把创新作为一个关键要素，提供一个全球性的合作行动平台。

自从WISE创办以来，我们非常振奋地发现了很多现实中的成功故事，有时候是在最意想不到的地方。我们从一开始便清楚，要重建教育的未来，我们必须从那些已经产生了积极效果的创新项目开始。

从2009年以来，WISE创新大奖每年评选、表彰并推广6个在全世界最具创新与最有前景的教育项目。

这些项目以及其他很多项目，是希望的灯塔，只要条件合适，它们就能成长并汇聚成我们所需要的全世界人所渴望的教育革命。WISE的战略便是创造使之发生的环境。

在《可复制的教育创新——改变世界的重要力量》一书中，我们走访了这些令人激动、正在带来成效的教育项目，很多时候它们都处于非常困难的境地。参与这些项目的人们——教育者或组织者——正在为了让下一代有一个更好的起点而奉献他们的才智与精力。他们是我们这个时代真正的英雄，我对他们的工作，以及他们为帮我们编撰这本独一无二的突破性教育创新指南所给予的合作，致敬并致谢。

我还对卡塔尔基金会团队以及与我们合作的机构所提供的支持表示感谢，同时还感谢全体WISE社群。我相信，我们凝聚在一起的经历、才能与热情，定会使很多伟大的事情在不久的将来发生。

我相信这本书将提高我们对这个时代最重要的问题之一的认识，所有关切我们共同未来的人都能从这些教育创新范例中获得激励，无论在草根层面还是在政策制定层面，它们必将激发出更多的独创思想与共同行动。

（更多关于WISE的信息请登录www.wise-qatar.org，欢迎加入我们正在壮大的在线社群）

献给我的朋友与合作者迪奥戈·瓦斯孔塞卢斯（Diogo Vasconcelos）（1968—2011），我在巴拉圭为本书做调研时他不幸去世。

致　谢

没有诸多人的帮助与付出，这本书不会在这么短的时间内完成，并达到如此高的出版水准。没有凯瑟琳·斯托克斯（Kathleen Stokes）孜孜不倦、资料详尽的研究，这本书也无法完成。她不仅做了大量的案头研究，而且还在得到通知后很短的时间内便一头扎进了荷兰、印度和中东的实地考察中，充分利用了她良好的语言技能。全世界各个地方的很多人花时间向我们展示他们在哪里住，在哪里上学、工作和学习，从伊斯坦布尔的父亲团体，到波哥大的贫民区、印度和乌干达的农村、加拿大和美国的城市贫民窟，以至巴拉圭的农场学校。没有先锋们慷慨地分享他们的经历与想法，就不可能有这本书。我们还参考了很多关于教育与创新的著作，我们在他们思想的基础上再往前走：我们希望他们的贡献得到足够的彰显。我的家人也很有耐心地容忍了我在2011年的大多数时间没跟他们在一起。

WISE项目的主席阿卜杜拉·本·阿里·阿勒萨尼博士对本书提供了宝贵支持。我们还要诚挚感谢莫扎王妃。世界教育创新峰会是由卡塔尔教育、科学与社区发展基金会在王妃的推动下于2009年发起的。没有她全力带领大家在全世界寻找改进教育的创新，这本书及随之而来的一切都将不复存在。

查理斯·里德比特

第一章

基础：希望与挫败

← 在位于开普敦市外梅森堡的非洲数学科学研究院不远处，一个学生在海边眺望。

这是位于乌干达农村腹地的肯亚特克小学，如果你仔细看看这群围在他们老师身旁的孩子，你或许可以发现一个个未来的医生、教师、工程师、艺术家、作家或女商人。我们知道这群孩子中间或许就藏着一位极有前途的数学家，因为安吉莉娜·路塔姆比就来自邻近的坦桑尼亚一个完全相似的村庄。

安吉莉娜的父母都是文盲，但这并未改变安吉莉娜的父亲把她聪明的小女儿送进学校的决心。这并不容易。路塔姆比一家家徒四壁。为了负担校服、课本和公立学校的学费，全家人都得去摘棉花。如果遇到干旱，没有棉花，就没有学上。即便有棉花摘，在安吉莉娜需徒步数小时才能到的那所贫困学校里，还可能没有教师。

但安吉莉娜坚持下来了，最终这位来自湖边土屋里的小姑娘的巨大天赋被发现。在达累斯萨拉姆大学获得学位后，安吉莉娜获得了位于开普敦的非洲数学科学研究院（AIMS）一个难得的深造机会。

安吉莉娜大展才华，她聚焦于数学与流行病学的联系。她随后在南非的斯坦陵布什大学获得了硕士学位，在坦桑尼亚的一个健康研究组织工作，后来去瑞士攻读博士学位。她计划完成博士学位后回到祖国，继续她的健康研究。

非洲数学科学研究院是一个发现与培养人才的机制。这应该是所有教育系统认定的本职工作，但大多数都做得很差。对于乌干达西部卡瑟斯学区的孩子来说，让自己的才华得到认可的努力最近

■ 站在学生中间的乌干达肯亚特克小学校长伊曼纽尔·坎巴勒。

变得容易了一些。因为本书重点介绍的一个杰出项目“重写未来（Rewrite the Future）”——救助儿童会（Save the Children）发起的一个运动，他们最近有了一所更好的学校。该项目已经在20多个国家的战乱地区改善了上千万儿童的教育。“重写未来”5年来以相当于每天建两所学校的速度做成了这件事。

如果教育能够在最不可能的地方找到人才，那么它也能给最没有前景的地方带去希望——就像卡皮拉贫民区这样的地方。

卡皮拉贫民区位于哥伦比亚首都波哥大向南驱车25分钟的地方，是一个大片贫民区的一部分，那里住的都是最穷的人，从农村进城的人在此落脚。卡皮拉紧邻一片狭窄的土地，被土山峭壁与城外主干道边上的工厂挤在中间。工厂向贫民区喷着浓烟，土山每年都有泥石流，把很多简陋的房屋吞噬掉。卡皮拉贫民区的大多数人靠波哥大大量的非正规经济谋生。贩卖毒品的帮派及与之相伴的暴力一直存在于这些贫民区。该区域的中心有几家小店铺，有一个DVD店，一个网吧，一个教堂，以及由天主教慈善机构经营的、每天给饥饿的儿童派发500份午餐的食物供给站。从人们的谋生途径到他们脚下的这片土地，卡皮拉贫民区的一切都让人没有安全感。再也没有比这更艰难的成长之地了。这就是被两个十五六岁的兄弟迭戈与费边·凡伦德拉称为家的地方。

迭戈和费边曾两次看到他们的家被泥石流摧毁，也看到过躺在路上被杀害的人。他们和其他7位家庭成员共同生活在一个很小的房子里，他们跟他们的姐姐住一个房间。其他同龄孩子去上学时，迭戈和费边却以做小贩为生，他们在波哥大市中心的酒吧贩售任何他们能贩售的东西——花、口香糖。他们从晚上6点开始，凌晨4点回家。很快他们就染上了毒品，并肆无忌惮地吸食起来。

在像卡皮拉贫民区这样的绝望之地，如何才能给迭戈和费边这样的男孩带来希望？

鲁伊兹戴利·布洛加斯知道该怎样做。2003年，布洛加斯依据“新学校（Escuela Nueva）”的合作学习模式，在卡皮拉贫民区开始实施“学习小组”实验，这个模式最早是20世纪80年代由薇姬·科尔伯特（Vicky Colbert）在哥伦比亚的农村学校发展起来的。“学习小组”模式旨在把“新学校”的核心原则——合作与自主进度学习——应用于那些有很大风险滑落出学校系统的最脆弱的城市孩子。

布洛加斯是一个冷静但又温暖的高个子女人，她在一片灌木丛中发现了正在那里玩耍的迭戈和费边，他们因吸食毒品而体弱多病。她问他们想不想加入“学习小组”。他们担心需要官方文件、课本和学费。布洛加斯告诉他们，“你们只需要衣着干净”。

一开始，这些从小就生活在暴力之下的孩子很不适应。布洛加斯分析说：“这些孩子缺失的是爱与情感的魔力之手，他们从来没有感到被珍爱过。如果你能够一个一个地单独看待他们，你就能看到他们的潜力，跟他们相处也就变得更容易。但你不能用传统的方式来教他们。你必须跟他们一起学。教他们学会如何建立相互间的关系是关键。”

"学习小组"似乎改变了迭戈与费边。他们上学了，比同龄人低一个年级，但决心迎头赶上，而且很喜欢学习的课程。"（以前）我们必须坐成一排一排的，老师在前面。"迭戈说，"在'学习小组'中，我们都围坐在一起，老师跟我们坐成一个圈。我们学会了相互之间如何相处，这很重要。我们想坚持下去，将来谋得一份职业，帮助我们的家人。"

布洛加斯看到了更加深刻的变化："迭戈和费边重新爱上了生活，他们敢拥有梦想了。为了实现真正的变革，我们需要以这种方式去改变数百万儿童的生活，一点一滴，通过很多很多细微的事情让大的改变发生。"

安吉莉娜的故事告诉我们，在任何地方都可以发现人才，只要我们知道如何去寻找。迭戈和费边的故事告诉我们，希望能够在任何地方产生，只要人们能够以恰当的方式去学习。而艾孜则·撒吉尔和赛伦·肯·瑟伦的故事则告诉我们，通过提高人们对可能性的期待，教育能生成自己的发展动能。

坐在伊斯坦布尔郊区伊森勒梅尔克兹简陋公寓的一张简易沙发上，艾孜则·撒吉尔神情坚定，思维敏捷。她一只手臂关爱地搭在4岁儿子萨米特的肩上，鼓励他完成矮桌上的作业单。萨米特努力地集中注意力，想得到妈妈的肯定。艾孜则不时地轻声表扬他。萨米特的作业单来自一个为孩子做学前准备的教育项目，艾孜则和20多个年轻妈妈加入了这个项目。

1. 鲁伊兹戴利·布洛加斯和她在卡皮拉贫民区的部分学生。
2. 迭戈在他位于卡皮拉贫民区的家的附近。
3. “新学校”的创始人薇姬·科尔伯特在她的办公室。
4. 迭戈与贵边·凡伦德拉正在聆听薇姬·科尔伯特的教诲。
5. “新学校”的背景材料。

1. 萨米特在家里阅读。
2. 小组的召集人马祖兹·奥尔贾伊。
3. 小组里的一位母亲。她们大多数在农村长大，接受的教育很有限。
4. 艾孜则·撒吉尔和她的丈夫森吉兹、儿子萨米特在伊斯坦布尔伊森勒梅尔克兹的家里。
5. 艾孜则指导儿子萨米特完成由母亲儿童教育项目提供的一个练习。
6. 在当地母亲小组中的艾孜则。

艾孜则小时候生活在安纳托尼亚一个遥远的村庄，一共有5个兄弟姐妹 ，12岁的时候离家到菜市场打工。“我是喜欢上学的，但我没有选择。我必须在菜市场打工。”她的这段经历使她下定决心不让同样的命运降临在自己孩子的身上，不能让他们的潜力无法发挥。艾孜则指着萨米特姐姐们的照片说：“情况允许的话，她们都要上中学。我希望她们都有自己的职业。我希望她们都不要依赖自己的丈夫。”

这样的决心让艾孜则连续6个多月每周都来到当地社区中心一个没有窗户的拥挤的屋子里，和其他妈妈一起学习怎样教孩子握铅笔、写字、数数。活动的召集人是经验丰富的马祖兹·奥尔贾伊，在她的灵活组织下，她们一会儿集中注意力学习相关技巧，一会儿又拿她们丈夫的滑稽动作开玩笑。没有一个妈妈上学超过12岁，但所有人都希望自己的孩子能有一个更好的生活选择。

赛伦·肯·瑟伦就是她们的愿望能够实现的明证。1983年，瑟伦在她母亲工作的伊斯坦布尔一家制药厂附属幼儿园上学，那里的一个实验后来发展成了母亲儿童教育项目（MOCEP）。虽然所有亲戚都断然反对，看不到女孩受教育有什么意义，但瑟伦的母亲对她的教育非常坚定。瑟伦的母亲坚持了下来，在母亲儿童教育项目的支持下，瑟伦成为学校里第一个会阅读的孩子，从此便勇往直前。她说，她的老师向她“展示了生活的另一条道路”。

在以优异的成绩高中毕业后，瑟伦修了两个学位，如今在伊斯坦布尔一家蒸蒸日上的公司做建筑师。伊斯坦布尔商业地产兴盛，当她做好了准备，她也会成立自己的公司。不过，在她自己女儿的教育上，她就没有那么多的耐心了。

瑟伦跟其他35位家长一起，根据蒙台梭利的教育理念成立了自己的幼儿园——“小黑鱼”。她解释说：“我希望有一所能保全孩子的天性和内在生命活力的学校。这才是教育的正确方式。”她希望女儿的天赋能得到发现与培养。

艾孜则和瑟伦只是对教育期望迅猛增长的庞大人群中的两个。在世界各地，父母们都决心给他们的孩子一个更好的开始。孩子们渴望学习和表达自我。对于像瑟伦和艾孜则这样的女性来说，这不只是意味着功课和考试，它还关系到女性获得掌控自己命运的权利。

来自坦桑尼亚土屋的数学家，来自波哥大贫民区希望有一份职业的男孩，家里第一个读完中学，并为自己的女儿创办学校的年轻女性。对于全球的教育现状，这些故事告诉了我们什么？

他们告诉我们的第一件事是，每天有数亿的家庭送他们的孩子上学，寄希望于教育能让他们过上更好的生活。

教育通过提供技能与知识提高生产力，在经济发展中发挥着至关重要的作用。很多家庭在教育中看到的是获得更好工作与更高收入的资格证书。其实，教育的益处远远超出了经济范畴。教育是具有生成性的：它给人们带来多方面的持久的效益。在巴基斯坦农村，教育带来的好处可能首先表现在卫生状况的改善，这会提升家庭健康水平。在印度，教育的效益可能表现在年轻女性结婚后仍决定继续学业。在冲突地区，教育能提供给人们共性的东西，有助于冲突各方跨越宗教和种族的差异。在哥伦比亚，“新学校”的合作学习不仅教给孩子数学和西班牙语，还教会他们如何管理自己，如何成为公民。

对于这些人来说，教育不只是考试与证书，教育还给了他们离开他们的出生地，摆脱原有的社会阶层的希望。人们相信，他们能通过教育重塑他们的生活；人才能在任何地方找到，希望能够在最艰苦的地方点燃。对教育能够且应该给人们带来种种益处的期望在持续增长。

不过，这些故事给我们的第二个信息是，教育同样可能带来失望与挫败。

仅仅让更多的孩子到学校去还不够，如果只有极少的人在学习，那么对他们的生活就没有改变。就像“新学校”的创始人薇姬·科尔伯特所说：“教育是我们创造公平与社会公正最好的希望，但只有切实的教育才能做到。”

尽管激发起那么多的希望，但学校教育可能会是僵化而官僚、保守而缺乏变通的，因拒绝新想法而难以变革。无力变革的教育不仅不能促进社会流动性，还会固化社会不平等。教育会成为一个筛分儿童的过程，把那些上大学、进入专门职业的筛出来，剩下掉队的，最终只能退出这个从设计上就让他们很艰难的学校系统。无论在发达国家还是发展中国家，对于很多家庭来说，住址决定了命运：你来自哪里，你出身于什么家庭，将决定你能否上一所不错的学校，而这又将决定着你的生活选择。死板、冰冷、僵化的学校系统和机械的学习更可能强化而非打破阶层、性别的不平等。在人们对教育的期望与日俱增的同时，对教育的失望也同样在增长。

在全世界的大多数国家，大多数儿童读小学是免费的。你或许认为如果孩子到学校后有训练有素的教师教，剩下的事情便大可自行发展。要是有这么简单就好了。

联合国千年发展目标为了确保到2015年所有男童和女童都能完成小学教育，鼓励政府加大小学教育全民化的力度。在印度，95%的儿童可在住地0.8千米范围内上公办小学。在几个非洲国家——乌干达、肯尼亚和加纳——小学教育免费带来入学儿童的激增。根据联合国儿童基金会的数据，1999年至2006年，撒哈拉以南非洲的小学入学率从54%上升到70%，在东亚和南亚，从75%上升到88%。从全球来看，小学适龄儿童辍学人数从1999年的1.03亿减少到2006年的7300万。尽管花费更大，但入读中学的儿童数量也在增加。从1995年到2008年，撒哈拉以南非洲的中学入学率从25%增长到34%，南亚从44%增长到51%，东亚从64%增长到74%。在过去50年，全球的中学入学人数增长了10倍，达到了5亿。

但事实上，儿童入学并不一定就意味着他们在被教。世界银行2002年和2006年的《世界旷课调查》发现，在孟加拉国、厄瓜多尔、印度尼西亚和秘鲁这样的国家，公立学校的教师每5天旷工1天。在印度，督查在不预先告知的情况下检查学校，发现50%的教师在喝茶、看报纸、跟同事聊天。这就不难理解，为什么原本应该教的知识，很多儿童并没有学到。印度领先的非营利教育机构布拉罕（Pratham）发现，六年级学生能够阅读故事的只有35%，能做二年级算术题的

印度安得拉邦的比马斯瓦兰姆小镇，孩子们上学去。尽管印度的入学率有所增长，但仍有7200万失学儿童。

只有30%。这些教育系统所带来的失望与挫败，必将带来辍学与不及格。

比如，在西孟加拉邦，100名上小学的学生最后只有17人能通过毕业考试。印度培养的工程师比世界上其他任何地方都多，同时也制造了数量最庞大的辍学生。世纪之交的巴西，所有儿童都有入学机会，14岁儿童的文盲率下降到了2.5%，女童的入学机会与男童相当。然而，有研究发现，巴西一半的教育经费被用在了留级学生身上。掉队和辍学的学生以来自贫困阶层的居多。肯尼亚在逐步取消了学费后，入学率在2003年达到了100%，入学人数从2002年的590万人增长到2005年的760万人。不过，入学人数的增多使经费紧张的公立学校班额急剧增大。2007年一个对肯尼亚西部省份210所小学的调查显示，平均班额达到了83人，班额超过100人的一年级班占到了28%。联合国教科文组织2006年的一个研究发现，肯尼亚小学生最终完成全部8年教育的不足一半。

这些冗长的令人失望的故事并不仅限于发展中国家。在英国，每年有3万学生结束学业时没有取得任何证书。在法国，教育的失败主要表现在有大量少数族裔聚居的贫困郊区的学生留级率和辍学率居高不下。

最显著的例子或许出现在美国。在美国，与25年前相比较，2010年生均教育经费增长了70%，却并没有带来基本读写水平的明显提高。1969年，高中生4年内毕业的比例为77%。2000年，这一比例下降到了69%。美国的公立学校系统对少数族裔与移民背景儿童的需求满足尤其差，而这个群体在未来30年内将成为美国人口的大部分。美国大多数移民来自墨西哥、拉丁美洲、亚洲和非洲。美国公立学校所服务的人口越来越多样化，很多父母所接受的正规学校教育有限，很多家庭的第一语言不是英语。恰恰是这部分学生最有可能掉队。正如琳达·达林-哈蒙德（Linda Darling-Hammond）在《扁平的世界与教育》（*The Flat World and Education*）一书中所说的那样，太多最穷困的孩子所上的学校缺乏经费与合格的师资，他们较少有机会获得适应他们的需求与步调的，具有挑战性和启发性的学习。

加之学校无法提供现代社会与创新经济所需要的各种技能，人们对传统学校教育的挫败感就只会加重。教学生如何通过考试的学校不会传授学生成功的职业发展所需要的社会技能与创业才能。即便学校以此为目标，他们也会偏离靶心。以往全球的教育政策重心是让更多的孩子进入更好的学校。在今后的数十年，其重点必须转移到确保儿童有充足的学习机会：在学校里，以及在学校之外。太多的儿童不能入学，与此同时，还有同样多的儿童在学校里几乎什么也学不到。

从上面的三个成功故事可以得到的第三条经验是，在合适的环境下，希望与挫败的混合能助燃创新，能生成更有效的解决方式。

创新者遇到挫败不会抱怨，而是致力于构想出更有效的解决办法。不过，这通常需要创新者突破常规思维，挑战传统模式。正如微软创始人比尔·盖茨在纪录片《等待超人》中所说："现状是可以被改变的，但这既需要心中的愤慨，也需要大量的成功案例。"这三个成功故事，每个都是一位创新者创造的新的学习方式的范例。

安吉莉娜，第一个故事中的数学家，有幸去了非洲数学科学研究院，那里打破了传统的大学讲座模式，创设了独特的合作式与互动式的学习模式。迭戈与费边是受益于“新学校”学习方法的数百万拉美儿童中的两位，他们能够一起学习，以自己的进度学习，相互学习，以小组学习，而不用坐成一排一排的，跟老师学舌。艾孜则的儿子受益于把母亲培养成孩子的启蒙教师的项目，而不是依赖于专业教师。在发展中国家，专业教师往往稀缺且代价高昂。

创新可以通过调动三大关键因素来打破让很多学校系统裹足不前的惰性：成千上万父母与孩子的希望与期待，对传统教育模式弊端不断增强的挫败感，探索新的有效解决方式的决心。当这三大要素——希望、挫败感与试验——以合适的方式聚合在一起时，它们就能产生给众多家庭带来更好结果的根本性变革，以可负担的成本大规模地实施。理解这类变革从何而来，是这本书的目的。

本书不是要对创新进行严格的科学与学术研究，也不是一套可以照着做的食谱。本书聚焦于全世界16位探索出可规模化实施的新的有效教育方式的先锋所做的工作。这些先锋几乎全部选自2009年和2010年世界教育创新峰会的大奖申请者。通过追溯这些开拓性教育创新的萌芽、发展、推广及规模化生长的故事，本书旨在提高人们对教育创新为何迫在眉睫、教育创新来自哪里、教育创新如何产生的认识。

首先，让我们从来自卡拉奇的5位有疯狂想法的朋友开始，来认识这16位先锋以及他们带来的创新。

印度安得拉邦戈达瓦里河西区卡拉库鲁村的小学教室。孩子们一边轮流制作手工和艺术品，一边等着使用由拜拉居基金会（Byrraju Foundation）示范校项目提供的泰卢固语“未来之桥”软件。

Tommy

第二章

先锋：通向高影响力之路

印度戈达瓦里河西区居瓦拉帕雷姆村小学的女生在使用由拜拉居基金会示范校项目提供的泰卢固语“未来之桥”软件。

1995年8月14日，五位好友聚在卡拉奇，庆祝巴基斯坦独立周年纪念日。他们的谈话很快转向了这个国家身上的诸多病痛，这是一个被猖獗的暴力绑架困扰的国家。这五个人是成功的商人和专业人士，他们很快厌倦了抱怨，决心为之采取行动。他们讨论过组建志愿者警察队伍或发起一个卫生项目。最终，他们想出了一个每个人都喜欢的主意：为巴基斯坦最贫困的儿童建1000所高品质的学校。

他们向领先的教育工作者请教，结果反应冷淡，被奉劝不要涉足自己不熟悉的领域。但他们并未受挫，坚持了下来，并确立了几条明确的原则：他们将在全国各地创建的学校必须保证男女生数量相等；学校建筑坚固且有吸引力，采光和通风俱佳；教师受过良好的训练，管理有序，且对他们的教学成绩负责；家长根据其支付能力缴纳学费，学校经费来自多个渠道的捐赠。他们为创办这些学校而设立的基金会不会用他们家族的名称来冠名。为向他们所服务的人表示敬意，基金会起名为公民基金会（the Citizens Foundation）。

创新从来都不会一帆风顺，很快他们就遇到了第一个障碍。创始团队的成员之一，现基金会总裁和首席执行官穆什塔克·恰普拉回忆说："我们的第一所学校建在卡拉奇的贫民区，那里目不识丁的家长对我们说，他们决不会把他们的女儿送到有男教师的学校。"这让我们很震惊。在一段时间里，他们创办男女混合学校的目标似乎就要夭折。于是，他们想出了一个解决办法，他们只聘用女教师。

从1995年他们在卡拉奇创办前5所学校开始，基金会一路凯歌。到2011年，一共创办了730所学校，招收了10.2万名学生，聘用了5400名女教师。为确保她们的安全，他们全都用小巴士接送女教师们上班。每位教师上岗之前都要接受100小时的培训，培训师团队由公民基金会选拔的最优秀的教师组成。

在世界上的很多地方，让训练有素的教师们每天来到采光、通风俱佳，建筑良好的学校上班，教男女生人数相同、班额不超过30人的班，可能不算什么创新。但在巴基斯坦公共教育系统日渐衰退的背景下，公民基金会创办的学校却具有重大的创新性。

巴基斯坦三分之一的小学学龄儿童没有入学；10所学校中6所没有电，三分之一的学校没有水或没有厕所；每天有四分之一的教师缺勤。在这样的情况下，100个上幼儿园的孩子最终只有1人读完12年级或许就不令人吃惊了。在公民基金会创办的学校里，上到11年级和12年级的学生占总人数的73%。这不啻一场革命。

公民基金会开创了新的学习方式，开设了批判性思维的课程，围绕概念性知识、沟通技能、创造性思维、自信与核心价值观有一套自己的教育哲学。不过，事实上基金会并没有创办一个跟公立学校迥异的替代性学校系统，即便看上去他们的学校可以有效实现规模化。即便公民基金会到2015年实现了创办1000

所学校的目标，在校生人数也仅占巴基斯坦学龄儿童总数的不足0.5%。它真正的影响在哪里呢？

正如恰普拉所说，公民基金会的影响远远超出了他们自己的学校。“现在，在学校运作了几年后，我们开始在我们所服务的社区看到了真正的改变。家里变得更加洁净了。父母对教育更感兴趣了。当贝娜齐尔·布托遇刺时，全国陷入暴乱，社区的人们团结起来保卫我们的学校免遭抢劫。不过，我们无法独自带来改变。我们还必须影响政府系统。”公民基金会只是让满屋芬芳的一滴香水。

公民基金会是高影响力创新及其重大意义的绝佳范例。作为世界上人口密度最大的年轻国家之一，巴基斯坦有1.8亿人口，到21世纪中期将达到3.4亿，年龄低于25岁的占大多数。巴基斯坦原本可以是一个由年轻、自信、有教养、有企业家精神的人口支撑的繁荣的伊斯兰共和国，但如果不能为所有人口找到更多有效的教育方式，它就会变成大批没有稳定工作、没有公民权的愤怒年轻人的故乡。就像巴基斯坦教育特别委员会的联合主席迈克尔·巴伯爵士所说：“像后者这样的未来对于巴基斯坦来说是灾难性的，对于国际社会来说也将是一个大麻烦。”

随着人们对改变社会地位、改善生活的期望越来越高，全世界的人都渴望有更多这样的创新。满足这样的期望有赖于更多为成千上万人创设更好学习机会的创新。但在教育的语境中，创新究竟意味着什么？

人们经常谈论创新，但也存在着很多误解。通常人们会认为创新主要是一个产生创意的过程，一个孤独的天才在一张白纸上从无到有地发明了一项技术或产品。事实上，创新必然是一个合作与积累的过程，通常要利用旧有的想法，对已有的想法进行新颖的组合。这有可能涉及对全新技术的应用。然而，有效的创新，尤其是在教育这样的服务领域，通常来自人们一起工作的方式的变化。很少有一下子就完全成型，不需要完善的创新。一旦某个产品开始被使用，消费者会对之进行修改、增删，几乎所有真正有效的创新都需要大量的改进。亨利·福特经过10年的不断尝试与改进才打磨出批量生产廉价小轿车的系统，这一系统结合了铁路调度、肉类加工、缝纫机等行业的技术。今天我们看到的很多小轿车的创新都来自早期用户的改造，包括挡风玻璃刮水器、手套箱和安全带等。福特的领导地位后来被通用汽车取代，后者使用了创新的营销手段。20世纪80年代，当日本汽车厂家生产出设计与质量俱佳、价格更便宜的小汽车后，美国汽车产业的领导地位又被日本取代了。在大多数行业，创新是一个不断展开和迭代的过程，通常有竞争也有合作，有模仿和效法，有生产者的功劳，也有用户的功劳。

教育需要通过创新来为人们开发出更多有效的学习方式。有时牵涉对新技术的应用，比如电脑、网络、手机和iPad。更多的时候它牵涉的是人——教师、学生、家人和朋友——找到让他们协力工作的新方式。这不需要高深的知识，但小打小闹的创新也无法应对巴基斯坦和其他发展中国家面临的挑战。他们需要能够改变数百万人的学习方式，有效、可负担且能规模化的创新。

为找到这样的高影响力创新，我们考察了一个特殊的样本：全世界80个在教育领域的社会创新。它们是世界教育创新峰会2009年和2010年教育创新大奖的候选者。WISE是卡塔尔教育、科学与社区发展基金会于2009年在莫扎王妃的关照下发起的一个项目，它的目标正如莫扎王妃所说："WISE基于在实践中的一个认识，即教育中的挑战不再受限于国家的政治边界，因此，它发出的指令是国际性的。WISE意识到，国际社区正面临着史无前例的挑战——我们所需要的创新解决方式不是单靠传统的方式就能实现的。WISE坚信，创新的欲望事实上是人类塑造和改善我们自身环境的内在需求。"每年一届的世界教育创新峰会把全世界1000多位教育创新者聚集到多哈，在3天时间内分享他们的思想，传播最佳经验，相互学习。WISE教育大奖（WISE Prize for Education）于2011年开始设立，这是世界上首个表彰对全世界的教育作出了杰出贡献的个人和团队的国际性大奖。WISE大奖计划每年认定、展示并推广6个具有重大影响力的独创性项目，本书的案例来自2009年和2010年的大奖候选者，另有一小部分是与WISE相关的其他案例。

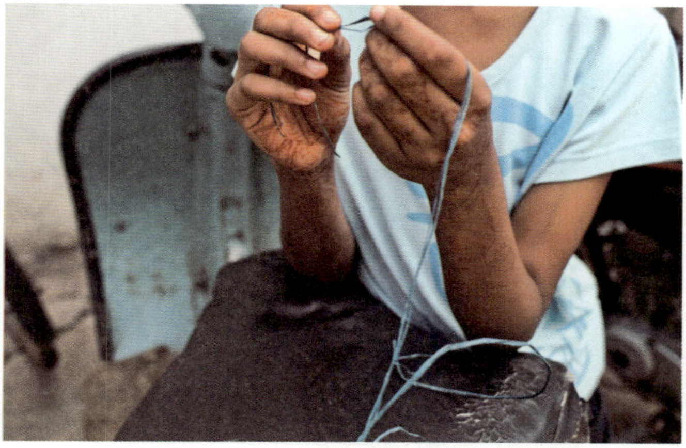

跟很多发展中国家的人一样，海德拉巴的孩子必须把他们学到的技能运用到街头，而非仅仅在学校。

我们的研究方法自然是有局限的，这不是一个科学取样，也不是随机对照试验。对每天都在正规教育系统内发生的，从政策制定者到一线实践者的创新活动，可能体现得不足。一些地区，比如中国、中东欧等，并未得到应有的展示。不过，这80个来自40个不同国家和地区的创新项目，几乎涉及了教育的每个阶段，从学前教育到研究生教育，再到教师培训。它们给了我们一幅难得的反映全世界教育创新样态的快照：有哪些焦点，从哪里来，如何规模化，有哪些优点和缺点。

其中有16个案例尤其有意思。它们是已被证明成功的教育创新，取得了显著的教育成果。而且，它们还有规模化的潜力，因为它们能够在诞生地之外的地方被复制。

遍布世界各地的16个教育创新案例

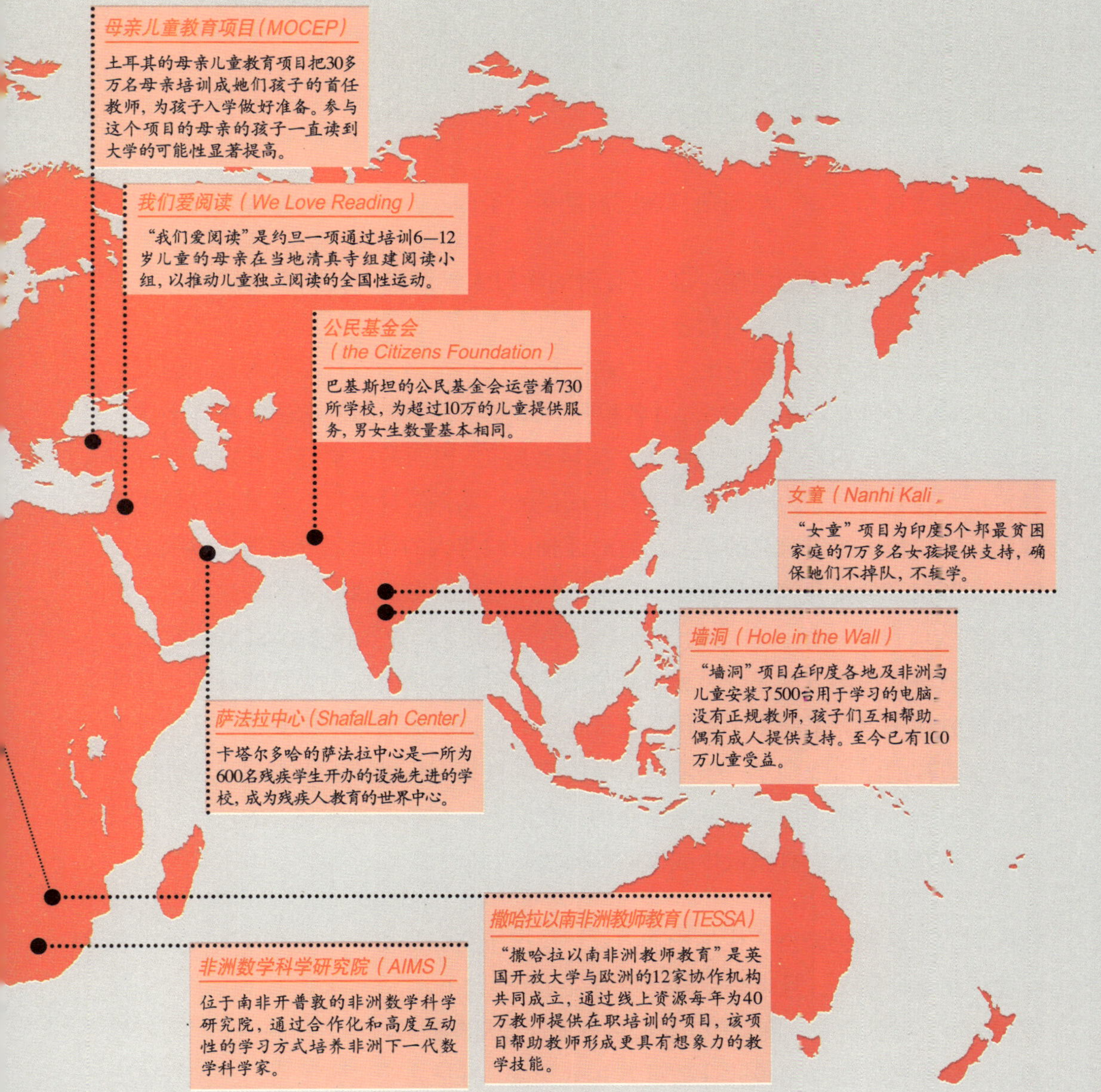
母亲儿童教育项目（MOCEP）
土耳其的母亲儿童教育项目把30多万名母亲培训成她们孩子的首任教师，为孩子入学做好准备。参与这个项目的母亲的孩子一直读到大学的可能性显著提高。
我们爱阅读（We Love Reading）
“我们爱阅读”是约旦一项通过培训6—12岁儿童的母亲在当地清真寺组建阅读小组，以推动儿童独立阅读的全国性运动。
公民基金会
（the Citizens Foundation）
巴基斯坦的公民基金会运营着730所学校，为超过10万的儿童提供服务，男女生数量基本相同。
女童（Nanhi Kali）
“女童”项目为印度5个邦最贫困家庭的7万多名女孩提供支持，确保她们不掉队，不辍学。
墙洞（Hole in the Wall）
“墙洞”项目在印度各地及非洲与儿童安装了500台用于学习的电脑。没有正规教师，孩子们互相帮助。偶有成人提供支持。至今已有100万儿童受益。
萨法拉中心（ShafalLah Center）
卡塔尔多哈的萨法拉中心是一所为600名残疾学生开办的设施先进的学校，成为残疾人教育的世界中心。
撒哈拉以南非洲教师教育（TESSA）
“撒哈拉以南非洲教师教育”是英国开放大学与欧洲的12家协作机构共同成立，通过线上资源每年为40万教师提供在职培训的项目，该项目帮助教师形成更具有想象力的教学技能。
非洲数学科学研究院（AIMS）
位于南非开普敦的非洲数学科学研究院，通过合作化和高度互动性的学习方式培养非洲下一代数学科学家。

要进入这个名单，创新项目需要满足两个条件。

首先，必须是重大创新：必须有新的学习人群产生，提供新的技能，有新的学习方式，或新颖的学习激励。这些项目以不同于标准学校模型的方式去实现它们的目标（表 1）。哥伦比亚的“新学校”在小规模的农村学校为儿童创设了独立学习、合作学习的新方式，1名教师教50多名不同年龄的学生。在乌干达，“新学校”的学习指导手册被称为“无声教师”。巴西的“学徒”开发的教育与学习项目让全社区成为一个学习平台。印度的“墙洞”让数百万儿童通过使用简单的计算机程序组织自己的学习，有时还辅以成年人的帮助。麻省理工学院的讲座视频开创了免费开放课程资源的先河，让学院之外数以百万计的师生受益。考虑到这些项目的背景，它们就显得更加难能可贵了。克里斯多·雷伊的学校所提供的教育从很多方面来说并无特别之处——帮助年轻人做上大学的准备。其特别的地方在于，克里斯多·雷伊是在最贫困的社区，为通常不说英语，从来没见过大学模样的学生找到了一条通向大学的路。在某个环境下看上去属于标准的做法，在另一个环境下可能是非常创新的。我们大多数具有高影响力的项目之所以有效，只是因为他们有胆量挑战权威的做法。

第二，这些创新所产生的影响力远远超出了它们最初诞生的地方（或至少有可靠的拓展计划），且带来了被证明的益处（表 2）。“重写未来”改善了20个国家1000万儿童的教育。麻省理工学院的开放课程每年被数以百万计的独立学习者使用。“新学校”的学习模式让数百万儿童受益，并被多个国家采用。英国开放大学撒哈拉以南非洲教师教育项目开放的在线教师培训资源，被数十万非洲教师使用。克里斯多·雷伊的项目从芝加哥贫民区的单所学校发展为在全美有24所学校的集群。非洲数学科学研究院有两个校区，一个在南非，一个在塞内加尔，并已做好了发展成为一个在全非洲拥有10个中心的集群的周全计划。多哈的萨法拉中心是卓越的残疾儿童教育的国际中心，其广泛的影响使之成为一个卓越的典范。附录集中介绍了这些高影响力创新案例的基本信息。本书后文还会以范围更广的80个大奖候选者为例。不过，我们会把主要重点放在从这些高影响力创新项目中提取的经验上，因为它们会给或许正面临最困难的挑战的全世界教育系统带去启示：如何产生有实效的创新，同时以较大的规模、可支付的成本显著提高教育成效。

表1 创新程度

高

墙洞	自组织学习，没有教师，使用电脑
麻省理工学院开放课程	开放在线课程的技术平台 萨法拉中心、非洲数学科学研究院、“新学校”、“学徒”、IMC周末学校
巴拉主基金会/克里斯多·雷伊	自给自足的学校 学生通过工作挣钱聘请教师
母亲儿童教育项目	把母亲培训成早期教育教师
公民基金会	通过聘用女教师实现男女混合教育
我们爱阅读	培训母亲在清真寺组建儿童阅读小组
重写未来	让更多身处战乱地区的儿童上学

低

表2 受益范围与影响力

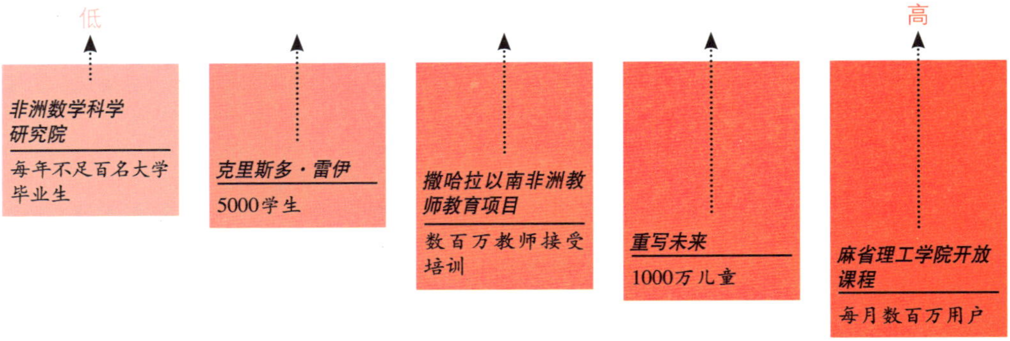

表3 高影响力创新坐标系

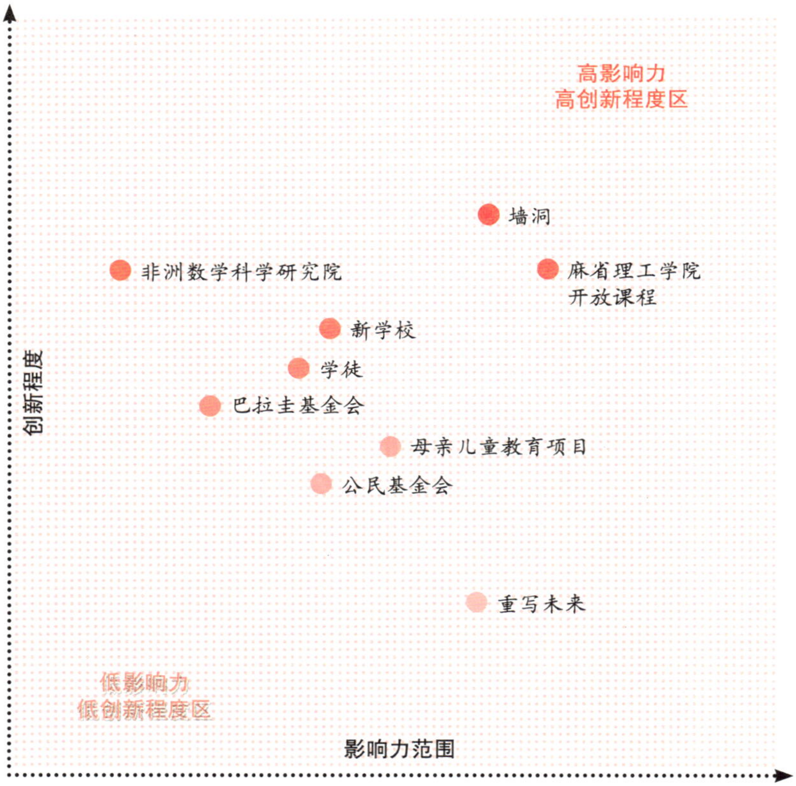

定义高影响力创新

这3张图表用视觉的方式传达了我们定义高影响力创新的基本要素。

表1“创新程度” 对8个项目的创新程度即区别于标准教育模式的程度进行了排序，标准教育模式指教师讲授50分钟，在结束时对学生进行考试的课程。“重写未来”在这个维度上排名较靠后，因为它的主要目的是让更多儿童上学。“墙洞”排名较靠前，因为它鼓励学生通过在校外使用电脑自己组织学习。

表2“受益范围与影响力” 按项目的受益人数进行排序。这不考虑项目所涉及的学习的强度。非洲数学科学研究院排名最靠后（但其学习强度很大），麻省理工学院的开放课程项目排名最靠前，该项目在10年时间里已有7200万名用户。

表3“高影响力创新坐标系” 将创新程度和影响力范围两个因素合成一张表。非洲数学科学研究院在左上角，因为它的教学方式很创新，但受益人数较少。“重写未来”在右下角——它的受益人数达到数百万，但其教育方式相对传统。大多数项目集中在中间，它们既有相当程度的创新，又有相当多的受益人群。创造性使用技术的项目，如“墙洞”和麻省理工学院开放课程，在坐标右上角，因为它们既有显著的创新，又有很广泛的受益人群。这些排名是主观的，并不具有科学性。

乌干达卡瑟斯地区，肯亚塔克学校的教室。

93

第三章

学校：必要但非充分

乌干达靠近卡塞斯地区的肯亚塔克小学外的儿童，他们是救助儿童会领导的“童写未来”项目的受益者。

乌干达圣比特木拉姆比学校（卡瑟斯地区）数学课上的学生。

在可以想见的条件最艰苦的战乱地区，5个人如何在5年时间改善800万儿童的受教育状况？他们是怎样做到的？

首先，你必须选择一个真正艰难的地方开展工作。国家之间的重大战争不如以往普遍了，但一国之内的战乱却多了很多。2007年有32起，2010年有39起。每起内战或地区战乱平均持续的时间长达10年以上。有些战乱，例如在斯里兰卡的战乱，耗时30年，给五六代人造成伤害。即便官方宣布这些战乱结束了，其带来的破坏之深，余波也会延续数十年。时至今日，柬埔寨的教育还没有从红色高棉运动中完全恢复过来。

儿童是这些战乱的主要受害者。在战乱地区，三分之一的儿童没有学上，相比较，在低收入国家，11个孩子中有1个孩子失学。在联合国千年发展目标的推动下，全世界的失学儿童数量下降了40%，到2010年降为7200万人，但战乱地区失学儿童的人数仅下降了14%。目前，7000万失学儿童中超过一半生活在战乱地区。大约1850万儿童为逃离战乱或自然灾害流离失所。

这些孩子的教育及未来，几乎注定被摧毁性地影响。战乱使他们原本就面临的巨大问题更加严重。索马里最贫穷的儿童只上0.4年学，最富裕的儿童上6.6年学。在很多有战乱的国家，教育名义上是免费的，但事实上父母必须交学费，即便上公立学校也是如此。在刚果民主共和国，首都金沙萨之外八至九成的家庭需付费上公立学校。女童尤其脆弱。在很多国家，父母不会把女孩送进有男教师的学校。然而，在南苏丹这样的国家，只有7%的教师是女性。在安哥拉，10%的男孩在三年级辍学，在同一年级25%的女孩辍学。

校舍通常是战争的牺牲品。据救助儿童会估计，因为太多的学校被战争摧毁，阿富汗学校50%的课是在帐篷里和露天上的。在尼泊尔，学校成为游击队和政府军的战场。游击队会占据一所乡村学校好几个月，将其作为他们的基地，把师生都赶出去。政府军发现他们之后，会把学校完全摧毁，以防他们再返回来。如果战乱持续，意味着学校越来越少，儿童必须到更远的地方上学，受影响最大的是女童。在阿富汗，如果学校离村庄的距离在1.6千米以内，入学率能达到70%；如果学校在3.2千米以外，入学率就降至30%。大多数辍学者是女孩。在战乱地区几乎很少有经过训练的教师。阿富汗、安哥拉、尼泊尔、南苏丹只有不到一半的教师上过中学。这些国家20%—50%的三年级学生没有阅读能力。

这些地方吸引了托弗·王（Tove Wang），一个金发矮个子的挪威人。在救助儿童会工作了数年后，王对该机构没有太大的影响力感到不满。于是，她和几个同事发起了一个真正带来影响的计划：改善世界上最贫困、最脆弱的800万儿童的受教育状况。很多人以为她疯了。每个人都认同改变是需要的。数年来，救助儿童会在战乱地区运行着很重要的项目，但很少有人认为这能够迅速地实现规模化。 他们警告说，战乱地区太不具有确定性，非常复杂、脆弱和没有安全感。所有钱会流向军阀和腐败政府的保险箱。她说，最大的怀疑者是同样质疑公民基金会的那一批人——专业教育工作者。

王和她的团队设计的这项运动——“重写未来”——是首项29个救助儿童会的成员国都参与的运动。最初只有5个工作人员，他们分别在奥斯陆和伦敦工作。他们为自己设定了一个非凡的目标：显著改善800万儿童的受教育状况，包括让300万儿童首次入学。他们给自己5年时间。王对此毫不妥协：“我们要的是一个让我们全力以赴的目标，而不是一个平常的项目。那不会带来我们所需要的那种改变。”

他们游说能提供捐赠的政府、公司和援助机构将重点聚焦在战乱地区儿童所面临的困境上。他们指出，联合国千年发展目标会因为战乱地区的失学儿童而无法实现。每年，他们曝光那些没有履行其援助承诺的政府。他们让战乱地区儿童的入学问题成为联合国和八国集团成员国会议的议题。“一开始我们因为扎实的工作而获得信誉。后来这项运动获得自身的动力，我们还不断为之注入新的议题。”王介绍说。5位团队核心成员组织了无数个委员会、利益相关者团体和微运动，让成千上万的人参与进来，形成了一项运动。他们将额外筹集到的4.5亿美元投入到战乱地区的教育中。

这或许还只是容易的部分。难的部分在于将这些钱投入到世界上最艰难的20个国家，还能被有效监控和评估，同时向捐赠者证明其有效性。王的计划遭遇了普遍的质疑，质疑声甚至来自救助儿童会内部。她花了一年的时间劝说救助儿童会在这些国家的团队相信，他们能新建数百所学校。

没有两起战乱是相似的。因此，他们在每个地方都得采用不太一样的方法。在阿富汗，他们跟当地的村委会合作，成立教育委员会，由教育委员会在当地为一位值得信赖的地方教师找到可以授课的住家或清真寺。在阿富汗，他们的主要工作是在校外拓展非正式教育。在南苏丹，和平协议签署之后，他们培训了数千名教师在原战乱地区工作。在科特迪瓦，他们成立了100多个儿童俱乐部，让他们对教育政策发出自己的声音。在乌干达及其他很多地方，他们引入了速成学习课程，让那些未能上小学的大孩子能够花3年时间学习以往需要7年时间学习的课程。例如，在乌干达北部，800多名12到20岁的年轻妈妈通过速成学习课程完成了她们的小学教育。他们在阿富汗建立了450个速成学习中心。苏丹有3500多名原童兵学完了速成课程。救助儿童会自身几乎没有开展过这样的工作。大多

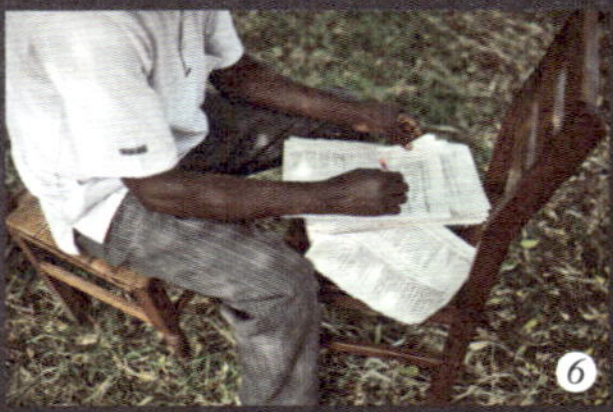

1. 圣彼得木拉姆比学校的孩子在学校附近的一块空旷的高地上玩耍。
2. 显示基布拉拉学校学生人数增长的数据。
3. 基布拉拉学校一块表示欢迎的标识牌。
4. 乔治湖边一个渔村的孩子们。
5–6. 基布拉拉学校的教师。

数情况下他们跟当地机构合作，通常是非营利组织，通过这些组织来实施。只有像达尔富尔这样当地没有非营利组织的地方，救助儿童会才亲自介入。

王和她的团队未实现他们的目标。从无到有创办学校，即便是非正式学习中心，事实证明也比他们预想的要困难。即便如此，他们让160万儿童首次入学，相当于876名首次入学的儿童连续5年每天上学。救助儿童会曾承诺，到2015年让300万儿童首次入学，他们也未能实现这个目标：他们没有按计划改善800万儿童的受教育状况，但影响到了1000万名儿童。他们通过每天新建或改善2所学校的方式去做，一共持续了5年时间。这项运动在一些地方还改变了战乱局势。在尼泊尔，他们让政府军和游击队不再将学校当作战场。这项运动还支持了4000多个儿童俱乐部，让儿童对教育政策有了永久的话语权。在利比里亚和塞拉利昂，发展教育成为战乱后成立的新政府的优先事项之一。

回顾她和4位团队成员决心改变世界的这5年来的工作，平易谦和的王微微一笑，说：“我们没有意识到我们的力量有多大。事实上，我们应该把目标定得更高一些。你越大胆，为你打开的门就越多。我们还只是涉及其表面。”在刚果民主共和国一个国家，要普及小学教育就需要16.6万名教师。中非共和国要在可预见的未来实现这个目标，教师数量需要每年增加18.5%。

不过，“重写未来”项目给我们的最大教训在于，仅让儿童入学还远远不够。在很多地方，王的团队新建了更好的学校，但却缺乏训练有素的教师。在其他地方，孩子们第一次上学，却只能在数小时内被动接受由教育部远程操控的机械学习。托弗·王作出如下总结：“我们真的应该聚焦于学习及其成果，而不是学校。好教师远比好的校舍更重要。”

王的结论被我们的其他创新项目所证实。很多像“重写未来”这样的教育创新把重点放在让更多儿童上学上，我们将之称为“谁”的创新（who innovations），因为其着力点为消除“谁”上学的障碍。这些创新是下一章的聚焦点。不过，仅仅聚焦于扩大入学机会的教育创新对于改善教育成果是远远不够的。同样重要的是儿童如何学习，他们学什么，是否有动力学习。这也是我们的创新者通常将增加入学机会的措施，跟对传统教育运作模式的改变相结合的原因。这些创新是：改变人们学习方式的“怎样”的创新（how innovations），聚焦于用新方式激励儿童学习的“为什么”的创新（why innovations），以及聚焦于人们学习时所获得的内容、技能和知识的“什么”的创新（what innovations）。我们的创新者不仅打开教育之门，还通过创设与以往不同的，更好、更有效、更有回报的学习方式改变教育。让我们从这些创新中的第一个开始，打开学习的大门。

乌干达卡瑟斯地区基布拉拉学校的一块信息牌。

第四章

谁学：跨越获得教育的障碍

乌干达一个受内战影响的村子里的孩子，他们曾受益于“重写未来”项目的教育投资。

这是数亿家庭的日常生活：父母给他们的孩子准备好早餐，确保他们着装得体，带齐了在学校所需要的东西——书本、家庭作业、铅笔、橡皮，或许还有一些上体育课需要的装备。然后他们把孩子送到学校，坚信在接下来的数个小时，他们的孩子将和小伙伴们一起好好学习，好好玩，回到家的时候虽然有些累但却很快乐，他们对世界的认识又多了一些。

这是原本应该有的样子。然而，对于许许多多的孩子来说，由于各种各样的障碍，上学并非一件易事。可能学校离家太远。还有可能他们的父母不愿意他们去学校。他们或许需要留在家里干活或照顾弟妹。很多孩子正常的生活需求得不到满足，或居住环境恶劣。让这些孩子上学需要有不同的做法，有时候意味着让他们接受教育但却不用到学校。

打开学习之门最有潜力的创新，是通过信息技术使学生不用跟教师在同一间屋子里就能学习。这个领域最重大的创新是2001年麻省理工学院的开放课程运动。

吉尔伯特·斯特朗是一个人们未曾预料的明星。斯特朗是一个脾气温和的中年人，他的创造性工作是在一间塞满了论文和书本的屋子里完成的。然而，他的YouTube[①] 频道拥有数百万的点击量。超过375万人下载了他的课件。斯特朗就是代数学领域的摇滚明星。

斯特朗的大多数成年时光是在大学教授数学，主要在麻省理工学院，小班

① YouTube是世界上最大的视频网站。

授课。当麻省理工学院于2001年决定将学校的课程——讲座、讲义、阅读清单、考试题等——免费在网上公开时，斯特朗的课程“线性代数18.06”是首批上线的课程。从那以后，该课程已有225万的访问量，与之相关的YouTube频道被浏览了130万次。这成为人类历史上学习人数最多的代数学课程。

斯特朗吸引全世界众多代数学粉丝的故事，从20世纪90年代末互联网热潮最鼎盛的时期开始。那时，麻省理工学院的资深教授们看到像哥伦比亚和耶鲁这样的大学正忙着成立公司，挖掘互联网的教育潜力，担心麻省理工学院会落后于这些竞争对手。麻省理工学院也想有自己的建树，但并不知道从何下手。一个由学者组成的委员会对互联网的商业机会进行了详尽考察，得出了一个随后很多人也得出的结论：在网上挣钱是非常困难的。正当委员会要放弃的时候，一位学者说出了虽显而易见但却完全违反常规的话：“既然我们不能用我们的内容挣

上：一个学生走进位于美国波士顿的麻省理工学院的教室。

下：2002年为推动知识传播发起开放课程项目的麻省理工学院。

钱，那为什么不免费提供呢？”

这个策略具有很大的吸引力：这跟麻省理工学院开发每个人都能用的开源技术与软件的目标一致。免费在线获取其课程，将推进这所大学实现其最大限度传播知识的目标。在正式启动之前他们要厘清一些事情。据该项目的技术主任塞西莉亚德·奥利维拉回忆，他们花了6个月的时间让所有教职员工讨论这件事。她向大家保证，教师们在制作内容的时候不会感到痛苦，会有一个专门的团队负责录课并把资料传到网上。经费是从休利特基金会（Hewlett Foundation）筹来的，该机构成为推动全球开放教育资源运动的主要投资者。开放课程的网站需要有一个知识产权框架，最终采用了知识共享协议（Creative Commons）。他们在2002年推出了50门试验课程，其中包括“线性代数18.06”。看上去一切都在计划之中，但真的就计划对了吗？

按他们的商业计划估计，网站的主要访问者将是把免费内容用于自身课堂的教师。一个教师用户的背后是数百个学生。教师确实在使用他们的网站，其中46%的教师在他们自己的课堂上对网站内容再次使用。例如，在印度尼西亚，整所大学的工程学课程都基于麻省理工学院的课程资源。不过，教师用户只占全网站流量的10%。大多数用户是学生，其中一半是独立学习者，他们并不属于任何机构。他们只是渴望学习的人。没有人要求他们来。这样的增长得益于2000年时还没有人预见到的一项技术：通过YouTube这样的网站，在互联网上的视频数量激增。正如吉尔伯特·斯特朗所说：“视频讲座将是未来高等教育的基本形式，就像现在的教科书一样。”

"If we can't make **money** from our content, why don't we **just give it away?**"

"既然我们不能用我们的内容挣钱，那为什么不免费提供呢？"

后来的结果简直令人大吃一惊。到2011年4月，在这个开放课程平台10周年纪念的时候，课程数量达到了2000门，为其作出贡献的教师达4000名，来自33个学术领域，包括麻省理工学院的五大学院，全部资源的访问量达到7200万人，1亿人次。麻省理工学院开放课程网站每个月的访问量达到100万次，载有其内容的世界各地的其他网站每月还另有100万次访问量。麻省理工学院的开先河之举带来了一批追随者，形成了一项运动。

2005年，10家机构聚在一起召开了第一次网络开放课程会议。到2011年，开放课程联盟（OpenCourseWare Consortium）共有来自45个国家和地区的80所大学以及130个其他教育机构。全球有250多个网站是麻省理工学院开放课程网站的翻版。土耳其教育部为其开放课程计划投入了100万美元。日本的大学开发了专门的搜索工具，让用户能准确地搜索到相关课程内容。越南、中国、韩国、法国和西班牙，也有自己的网络开放课程。麻省理工学院的语言学家宫川繁所称的“知识慈善的集体行动”正在以无数微小的善举改变着人们的命运。

在塞西莉亚德·奥利维拉看来，这才刚刚开始。“我们决心在接下来的10年里让开放课程产生更加显著的影响力。”她说。第一个10年他们影响了1亿用户，第二个10年他们希望影响10亿用户。第一个10年他们帮助了100万名教师，第二个10年他们希望帮助1000万名教师。她希望围绕课程组建起联系紧密的社群。他们跟教育社交网络的专业机构开放学习（OpenStudy）合作开展一个试验性项目，帮助“计算机科学导论”这门课组建了有着1600人的社群，帮助“单变量微积分”组建了有着1400人的社群。吉尔伯特·斯特朗正在准备一个新的课程系列，希望比“线性代数”更火爆。他的新课程——“微积分精要”——的设计主旨是让更多的人接触到微积分。

麻省理工学院真正的创新力量在于它创立了一个可供他人效仿的模式。我们目前才刚刚开始探索社交媒体和互联网能对扩大教育机会、加深学习体验发挥多大的作用。我们需要大量相互重叠的试验，有免费的，有商业化的，在不同的环境与条件下，看学生如何更加便捷地获得学习内容，一起合作学习，共同建设内容并分享。

其中这样的一个试验发生在巴西的最大州亚马逊州，其面积达到150万平方公里。那里的孩子如果要上一所好中学，就必须到州首府玛瑙斯，那里的人口占到全州330万人口的一半。那里的很多农村人口来自65个少数民族，每个民族都有其独特的文化和语言。亚马逊州的这个由教育部和人造卫星公司修斯共同发起的远程学习项目，从位于玛瑙斯的3个工作室向遍布全境的300所学校700间教室的2.5万名学生提供实时课程。这让学生可以在当地学校上学，大大降低了辍学率。在玛瑙斯录课的是专家级教师，各学校的900名普通教师接受过专门的培训，会将网络上的课程内容用于课堂讨论。在这个项目的帮助下，该州中学生的及格率从60%上升到77%，辍学率从27%下降到16%。

英国开放大学在南非和埃及的数字教育提升项目研究发现，在传统教育系统中未受太多教育的人，对在学习中使用新技术比发达国家同龄人持更加开放的心态。不过，在很多最贫困的地方，稳定的供电与洁净的水源比宽带和Wi-Fi更加急需。缺少学校的偏远地区往往也是没有互联网的。在很多非洲地区，即便从技术上说是有互联网的，但贵到根本用不起。因此，寻找其他能拓展学习机会的

印度的西戈达瓦里地区村小的学生正在IBM的儿童电脑上使用"未来之桥"的泰卢固语学习软件，经费来自拜拉居基金会的示范校项目。

技术也很重要。

最显而易见的工具是配有小键盘、彩色屏幕以及大量应用的智能手机。"新兴经济体移动浸没式读写学习"能让我们一睹这类创新的效果。该项目设计了很多游戏，让生活在贫民区的孩子能在最方便的时间和地点学习，而不一定去学校。"新兴经济体移动浸没式读写学习"最初从印度发展起来，正准备在中国（教语文和英语）、肯尼亚和坦桑尼亚复制。由宾夕法尼亚大学国际识字教育研究院的丹·瓦格纳（Dan Wagner）教授创办的"未来之桥（Bridges to the Future）"项目则采用了不同的方法，该项目开发了针对当地少数民族语言的读写教育软件，应用于印度的安得拉邦和南非的林波波省。

传统技术，包括能够被很多人反复使用多次的书本、小册子，仍然是传播知识性价比最高的方式。另一个工具就是广播，目前仍在广泛使用，尤其在非洲，广播已在那里使用一个世纪了。例如，尼日利亚的小农乡村广播网络系统为成千上万生活在偏远乡村的人带去有用的信息、知识和技能。

只靠技术并不能创立一个开放的教育系统。在很多最贫困、最难到达的地方，电脑硬件很难获得，用起来很贵。如果没有软件让电脑用起来有趣又容易，它们就是一堆废铁。不过，麻省理工学院的试验告诉我们，技术可以改变游戏规则，用比传统方法成本更低的方式也能实现知识的大面积传播。正如塞西莉亚德·奥利维拉说的那样："每个人都有潜力，但不是每个人都有机会。每个月有数十万人访问我们的网站，这既是全世界人普遍存在学习欲望的证明，也是世界各地的教育系统无力满足人们学习欲望的证明。"

探索人的潜力最有希望的一个项目，就是由印度教育工作者苏伽特·米特拉（Sugata Mitra）发起的"墙洞"项目。

米特拉把一台计算机放在他在海德拉巴的办公室外墙上的一个洞里，想看看住在附近贫民区的孩子会怎么用它。数小时内他们就会自己上网了。几个星期后，他们除了学会了在网上搜索信息，还学习了数学和英语。这个实验诞生了我们这个时代最激进的教育创新，这场革命最初发生在马丹吉尔安置区，新德里郊区一个人口密集、环境脏乱的贫民窟。

马丹吉尔有一所新小学，学校表面上看起来不错：有320名学生，11位教师，但实际情况并非如此。学校原本用英语教学，但校长只会说北印度语。马丹吉尔的情况在很多印度小学都存在：通常一个班有50多个学生，有很多教师缺勤，太多老师即便来了也不上课。学生无聊地成排坐在教室里，抄黑板，跟着老

印度西戈达瓦里地区的村小学生在使用“未来之桥”软件。

师唱读，基本上并不理解他们在学什么。

马丹吉尔就是这么一个地方。米特拉最早在这里探究孩子怎样在最少的监督下用电脑自学、互学。电脑被厚厚的黄色金属包住，经过特殊设计能防尘、防热，并能经受手指无数次的触碰按压。当地的孩子上学前后成群结队地来到电脑前，几个人一组反复操作教他们数学、历史和科学的程序。从那以后，米特拉进行了大量的试验，看在有和没有支持，以及在校内和校外的不同情况下，孩子们用电脑学习能走多远。当他把电脑带到一个以擅长唱歌著称的偏远乡村后，那里从来没有见过电脑的小孩在24小时后就开始录歌了。在一个渔村，他发现孩子们在没有老师的情况下能通过英语学会基本的生物科技知识。他还在别的地方试验了自组织学习环境，即把一半电脑安放在学校里，一半电脑安放在街上。在一个升级版的试验中，他还招募了英格兰的退休教师通过Skype（一款即时通讯软

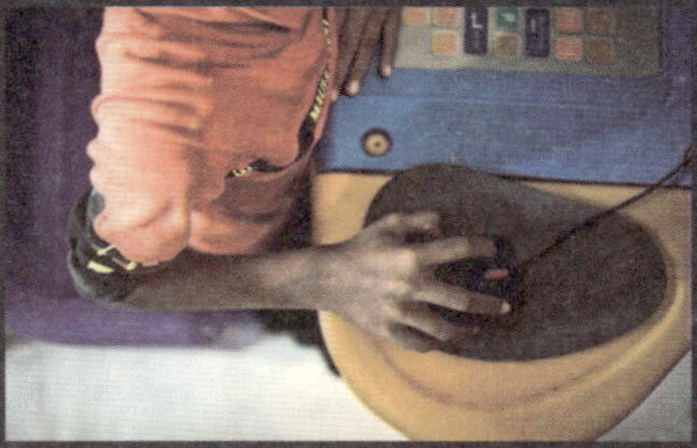

↑西戈达瓦里地区学校里的孩子使用"未来之桥"软件学习他们的母语——泰卢固语。

件）来教印度小孩。共有500多台电脑被装在了印度和非洲的许多地方，尤其是那些很难找到教师的地方，使用过的孩子大约有100万。米特拉不认为技术可以取代好老师，但在很难招到好教师的地方，它可以为孩子提供另一种不依赖于学校、教室和教材的可规模化实施的学习方式。

距离仅仅是普及教育的一个障碍。最主要的障碍是贫困。家庭最贫困的孩子通常没钱上学。在很多国家，中学名义上免费，但事实上并非如此。家长需要为书本、用具、校服和食物支付费用。最贫困的家庭还通常不能缺少大孩子为家里赚的钱。这就是"成长空间（Espacios para Crecer）"这样的创新项目显得重要的原因。在来自美国的资金的帮助下，成立于2004年的"成长空间"消除了多米尼加共和国最严重的童工现象。超过12.5万6至13岁的儿童通过其非正式教育项目逐渐摆脱了童工工作，进入学校。

健康是另一个重大问题。据《2010年全球全民教育检测报告》估计，每年超过1.75亿进入小学的儿童有不同程度的营养不良。全球每年因腹泻带来的全天缺勤达到2.72亿人次，大约4亿学龄儿童感染了会造成贫血的蠕虫病毒。救助儿童会在尼泊尔消除了30万儿童身上的蠕虫病毒，使很多孩子能更加正常地上学，在学校学到更多东西。

语言和文化也会带来其他障碍。有机会学习一门世界语言——英语或西班牙语——是吸引人们接受正规教育的一大主因。然而，基于这些语言的标准化课程令人畏而远之，尤其是那些新移民和少数民族群体。于是，很多创新者在寻找克服语言障碍的办法。“未来之门”是在美国新泽西州设计的一个项目，旨在让西裔学生在大学第一年可以用西班牙语修学分，让他们有更多的时间提高英语。这个大学一年级的双语项目显著降低了西裔大学生的辍学率，他们以往经常因英语能力有限而非知识掌握的原因而挂科。

在布基纳法索，授课只用法语是导致高辍学率的一个重要因素。1000个进入小学的儿童中，最终不留级读到六年级的只有205人，毕业考试及格的比例平均只有40%。为解决这个问题，“双语教育统一体”创建了27个社区学前教育空间和110所双语小学，让儿童可以在用法语学习的同时还可以用五门国家语言中的任何一门学习。这提高了该国的小学生毕业合格率，而且很多孩子只用5年就完成了小学课程。毕业合格率达到89%，而法语学校仅有69%。2010年，该国教育部宣布了将21所传统学校改造为双语学校，并新建100所双语学校的计划。

在科萨语家庭长大的南非孩子，到小学五年级会面临一个重大的挑战：他们必须开始学英语。他们需要掌握的单词增加了一倍多。不难想象，准备不足的孩子很快就落后了，且很有可能辍学。毛利塔·文森伯格为阻止这股辍学趋势发起了“闪耀（Shine）”计划。在当地公司的赞助下，“闪耀”计划为开普敦的6所学校提供了阅读志愿者，他们每周2小时，持续32周，给二年级的孩子一对一地阅读英语。“闪耀”计划每年对6所学校的1000名孩子进行评估，选出350名到三年级最容易掉队的孩子。这些孩子一旦掉队，就几乎跟不上了。只有初中学历的教师们通常缺少给予他们所需关照的时间和能力。在离开普敦市中心不远的天文台学校，三年级学生在“闪耀”计划志愿者的帮助下阅读考试的及格率从

在开普敦天文台学校参加“闪耀”扫盲项目的孩子。

50%上升到80%。文森伯格解释说："如果我们可以在这个阶段以较小的投入让他们越过障碍，我们在后期就会收获红利。事实就是，多给他们一些关注，你就把他们激活了，他们便上了路。"

生活在独特部落和少数族群的儿童处境特别不利。在印度，像奥里萨邦这样的农村地区的部落只有29%的人口脱盲。1993年成立的卡林加社会科学研究所一开始对布巴内斯瓦尔部落贫民区的125名孩子提供帮助。到2011年，它已收到5万份申请，每年通过一所寄宿学校为62个部落的1万名孩子提供教育，该学校既有普通教育，也开设了计算机、电子、缝纫、食品加工等专业的职业培训课程。学校鼓励孩子们勤工俭学，把他们制作的产品拿到市场上去卖。这所学校的辍学率为零。

令人痛心的是，战乱、住所偏远、贫困以及语言不通还不是阻碍儿童获得良好教育的全部障碍。两个最棘手的因素是残疾与性别。

残疾跟其他因素叠加在一起让儿童的处境更加艰难。根据世界卫生组织的数据，大约1.5亿不满15岁的儿童身患残疾。残疾儿童上学并完成学业的可能性要小很多。世界卫生组织对51个国家的调查显示，从2002年到2004年间，61%的男童完成了小学教育，但只有50%的残疾男童完成了小学教育。在低收入国家，只有45%的残疾男童和32%的残疾女童完成了小学教育。即便是在最富裕的国家，身患残疾的儿童也面临着非常不利的处境。在美国，只有10%的残疾年轻人上了大学。

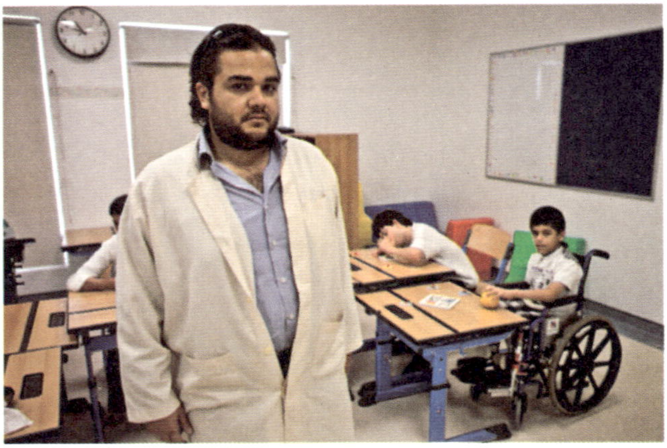

卡塔尔多哈萨法拉中心的教师。

在世界上的很多地方，残疾年轻人的前景更加堪忧：家人因羞愧把他们封闭隔离起来。

不过，创新常常来自主流之外，残疾儿童的教育也证实了这一点。为帮助残疾儿童，新的教育模式发展了起来，包括个性化学习、与家庭紧密协作，以及协同学术、健康与社会专业人士的整体解决方案等。

萨法拉中心起步于20世纪90年代卡塔尔的多哈，起初只有40名残疾学生。到2011年，该中心为600名残疾学生提供服务，其中有75名自闭症患者。那里的校园有最先进的

设施，分为7个单元，有18座相连的建筑，近600名教职员工。萨法拉是一所学校，但却是一所与标准模式完全不同的学校。

萨法拉在残疾儿童刚出生不久便跟家庭携手。萨法拉中心主任及背后的主要推动者哈桑阿里解释说："我们高度聚焦家庭。我们想让家庭意识到，有一个残疾的孩子并不是一种痛苦，也不是应该羞愧和回避的。"孩子注册之后，萨法拉的多学科团队要花一个月的时间对他们的需求进行评估。每个学生都会有自己的个性化学习课程方案。教室光线和通风俱佳，按每间教室容纳8名学生设计。每张桌子和椅子都是给特定学生量身定做的。所有建筑里的走廊和门都很宽，足以让一辆轿车开过。

哈桑阿里团队集中了全球最好的理念来建成这个中心。萨法拉的水疗游泳池，技术来自瑞典。用板条做的池底能被抬升起来，把轮椅推上去。然后将池底降到水中，使之正好适合班里的孩子。中心的教职员工是从中东各地聘请来的：语言治疗专家来自突尼斯，特殊需要教师来自约旦。中心里还有一个世界级的遗传研究中心，里面的科学家来自世界各地，设备也是最先进的。他们将研究成果跟20多所顶尖大学分享，同时也帮助家长为他们的孩子提前做好应对的准备。

无论一个儿童在接受教育上所面临的障碍是什么——贫穷、语言不通、住所偏远、战乱、残疾——如果再加上她是一个女童，那处境将更加困难。小学失学儿童中女童占57%。如果女童的入学率跟男童一样，全世界将会增加360万入学

印度西戈达瓦里地区卡拉库鲁村小学外手拿香蕉的女孩。

女童。根据联合国儿童基金会的数据，在发展中国家五分之一的女童虽然上了小学但却未能毕业。没有一个非洲国家的女童中学入学率达到50%。在南苏丹，15岁女孩死于分娩的可能性比读完小学还大。

虽然入学的女童在增多，但即便是现在，仍有太多的女童未能完成学业。由于女童教育会带来巨大的社会效益，这样的不公更加令人担心。如果女性接受了基本的教育，她更可能生较少的孩子，更可能对孩子进行教育投资。能读懂药品和净水装置说明书的女性能更好地照看她们的小孩。接受教育的女性更有能力工作，更不依赖男性，更少遭遇性暴力和HIV（艾滋病病毒）。尽管让更多女童接受教育有这么多的好处，但全世界7.6亿成人文盲中有三分之二是女性。

我们的很多创新者正努力寻找减少女童所受的不公的办法。公民基金会为让家长感到送女儿上学是安全的，只聘任女性教师。家庭通常不愿意失去女童为家里挣的钱。“重写未来”跟苏丹的家庭合作，确保他们送女孩上学的经济损失能得到补偿。技术也能帮上忙：“新兴经济体移动浸没式读写学习”的移动电话学习游戏还专门为不在校上学的女孩做了设计，让她们在工间也能学习。而印度的“女童”项目是最令人感动，也是最简单的项目之一。

在孟买靠近北乔希玛格的一条泥泞的巷子里，一个女孩正在防水油布下做家庭作业。这是纳斯林·安萨利的家：一个四周用泥敷上的帐篷，用来躲避季风带来的雨水。纳斯林是5个孩子中最小的一个，她的妈妈目不识丁，做家政清洁工，她的父亲做建筑零工。他们到这个城市是希望有一个更好的未来。纳斯林是有可能的。她是家里第一个上学的女孩。她安静但敏锐、刚毅，她注定会成功。

跟很多同龄女孩一样，纳斯林每天早上6点起床，打水，给家里人准备早餐。这些事一做完，她就马上赶到学校。一个针对公立学校贫困女生的简单但却很有效的支持系统增强了纳斯林上学的决心。这个名为“女童”的项目为纳斯林提供了她引以为豪的校服和书包。她刚开始上学的时候，看上去就像一个街头顽童。现在，她看上去整洁大方，聪明可爱。每天，纳斯林和其他“女童”项目的女生在一起，还能接受由辅助人员额外给她们做的一小时的阅读、写作与数学基础补习。

年轻但却镇定的希塔尔·米塔是“女童”项目的推动者，她向我们解释了印度女孩面临的困境：“在印度，女孩被视为负债，儿子被视为财产。大多数时候父母不愿意为她们的教育投资，因为在他们心中女孩迟早要嫁到别的人家。因此，为女孩的教育投资没有意义。”政府办的学校，名义上是免费的，但却需要大笔支出：父母必须花钱买校服和课本。如果学校很差，她们学不到什么东西，父母很快就不愿意再负担这些费用。在这种情况下，父母希望女孩是有用的，能承担家务。“5岁、6岁、7岁的女孩——她们都知道怎么做饭。”米塔说。

为处在这种压力之下的女孩提供支持的想法来自商界领袖安纳德·戈帕尔·马恒达。那是1996年，米塔当时的工作是将K.C.马恒达教育信托的资金输送到为女童服务的非营利机构。2005年，在马恒达跟已经通过其“保障儿童学习”项目帮助了上千万儿童的南迪基金会合作后，这个项目得以迅速发展。马恒达教育信托为该项目筹集经费，主要从大公司募集，南迪基金会则负责运作这个项目。

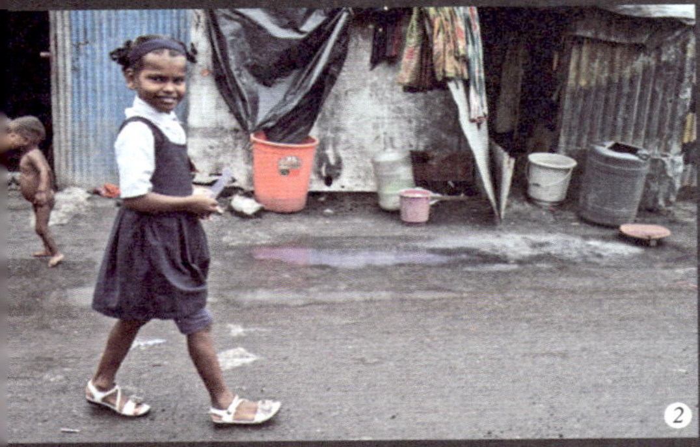

1. 路边休息的牛。
2. 走过贫民区。
3. 纳斯林和她的父亲及邻居。
4. 孟买的南帕雷尔区，纳斯林·安萨利站在学校的外面，这条街通向她的家。

“女童”项目十分简单但却很有效，这一点毫无争议。全职的学业资源协调人跟四五所学校一起把社区积极分子培养成准教师和导师，为女孩上辅导课，并跟学校和家长保持联系。在纳斯林所在的学校，社区积极分子干预并阻止了一位酗酒的父亲把女儿带出学校卖给家政服务公司的行为。一个小时的课后补习帮助女孩们巩固课堂上学到的内容。“如果你能帮她们掌握基础知识，那就会大有帮助。”米塔解释说，“她们就不那么容易掉队了。”最初，南迪基

孟买迪莱路的贫民社区是很多参加“女童”项目的女孩的家。

印度安得拉邦比马斯瓦兰姆小镇的教室。

金会的补习课使用了相当传统的模式，女孩们成排地坐着，教他们的社区积极分子在教室前面。最近，在考察学习了最有效的方式之后，南迪基金会采用了更加自然与合作的教学方式，让女孩们围坐在一起，互相帮助。

1996年，“女童”项目在不经意间就覆盖了1700名女生。到2011年，接受其帮助的女生达到了7万名，其中一半来自印度8个邦的农村和部落地区。该项目组织构架严密，以公司为渠道的经费筹集也很有保障。

受助的女孩们表示，她们喜欢这个项目的非正式氛围和特别的活动，尤其是漂亮的校服。她们的母亲则说，“女童”项目免费为她们提供了富裕家庭需要花钱购买的东西——保障她们不在平庸的公立学校系统中掉队的额外补习。我们在纳斯林所在学校访谈过的所有母亲都表示，她们希望自己的女儿在结婚前坚持上学，这样她们就能获得一定程度的经济独立性。全印度有无数的母亲在她们女儿的身上看到了她们原本只能梦想的未来。

左：印度西戈达瓦里地区格拉拉可德鲁村小学外的女孩。

右：印度西戈达瓦里地区卡拉库鲁村小学外面的孩子们。

当纳斯林的父亲被问到对女儿未来的期望是什么的时候，他耸耸肩回答说：“这取决于她。”这个想法本身就不啻一场微型革命。

有太多的儿童因为战乱、贫穷、住所偏远，语言与文化、残疾与性别的关系无法接受良好的教育。对于经常面临不只一个障碍的儿童来说，以标准模式运行的标准学校很可能并不能解决问题。克服这些障碍需要创新：速成与职业学习；不同类型的学校，在不一样的建筑里；更多校外非正式的支持项目；让学习在偏远地区成为可能的技术；为让父母感到送女孩上学安全而招聘女教师。让更多孩子上学本身需要足够多的智慧，以帮助他们克服面临的各种各样的障碍。但正如“重写未来”的托弗·王发现的那样，如果要实现最后的结果这还远远不够。在许许多多学校，教师培训不力，待遇低下，管理不善，动力不足，按照一个死板的学术性课程做程式化的毫无生气的讲授，学生成排坐着，只顾跟着抄，跟着读。如果他们学到了什么，也都是通过死记硬背学到的，没有理解所学东西的意义。有太多的孩子没有上学，而又有太多的学生虽然上学但却一无所获。要改变这些，需要的不仅仅是扩大受教育机会，还要为孩子创造新的、更有效的学习方式。

SPRING FILE
NAME

第五章

怎样学：让学习有意义

乌干达传统的教学工具。

太多孩子上学时相信学校是通向机会的大门，但进到学校后却发现学生成排地坐在教室里，进行着死记硬背、枯燥乏味的学习，心不在焉。这种由一个老师站在教室前面对学生进行讲授和训练的方式，对于记忆乘法口诀或许是一种好的方式，但在其他方面却是极其无效的。孩子学会了对一个问题给出正确答案，但却有可能并不理解他们所学内容背后的原理。他们可以对其所学毫不理解地鹦鹉学舌，可以在遇到类似问题的时候得出正确答案，但在不同的情境中却不会对知识进行新的运用。这样的学习方式很快就会让孩子厌倦，失去学习动力。一些孩子对学习材料感到无法消化，另一些孩子可能会觉得无趣和太容易。如果一个紧张或死板的教师不能让孩子们集中注意力，他们就会游离在学习之外。即便有孩子能专注，这样的教学方式对鼓励孩子探索有趣的问题，分享自己的想法，把知识运用于新的情境中也是极其无效的。然而，这仍然是课堂教学的主导模式。在肯尼亚、加纳、乌干达、马拉维及其他非洲国家进行大量调查后得出的结论是，教师主导的传授式教学，使得孩子的说话仅限于对封闭式问题做集体、简短的回答。

这种死板、缺乏灵活性且通常无效的学习方

乌干达大多数学校的组织方式都还像这所学校一样，学生成排坐着听老师讲课，通过死记硬背与集体喊出答案学习。

式，很大程度上解释了为什么加大对学校的投入并没有带来结果的改善，尤其是对那些来自更加贫困家庭的孩子来说，对无效教学方式投入更多不会带来更好的结果。正如琳达·达林－哈蒙德在《扁平的世界与教育》中揭示的那样，这一趋势也同样在美国上演。对无效教学方式的额外投入不可能对结果产生影响。需要更多投入，也需要不同的、更好更有效的学习方式。

我们的创新先锋不仅让更多孩子入学，甚至还改变了他们进入学校后如何学习。在这一章中，我们将聚焦三个创新项目，它们面临的挑战虽然各不相同，但都采用了类似的方法让学习变得更加具有吸引力。

培训教师具备上出更有趣、更令人兴奋和更有挑战性的课的信心和能力，对给学生创设生动的学习体验至关重要。这是一个全球性的挑战，对非洲来说尤其如此。

加纳的教师数量只有全面普及小学教育所需师资的四分之一，莱索托的教师数量不足所需的五分之一。联合国儿童基金会估计，每年约100万儿童会经历艾滋病夺去他们的教师。在撒哈拉以南的非洲地区，一半小学教师几乎没有资格认证。在坦桑尼亚，估计只有230名小学教师有高等教育学历。非洲教育的普及加剧了质量问题：尼日利亚1999至2002年小学入学率猛增，教师的合格率则从97%下降到72%。这些欠合格的教师将遭遇非常棘手的大班额问题。在西肯尼亚，一间教室里有80个学生是常事。应对这些挑战无法依赖传统的重理论、轻实践的教师培训。教师接受培训后没有创新的榜样可以学习借鉴，大多数进入高度传统的学校里，接受在职培训的机会也极其有限。在这样的条件下，如何推动更加具有想象力和创造力的学习方式呢？

上：在乌干达卡塞斯地区的金亚特克学校的伊曼纽尔·卡姆巴雷。

下：伊曼纽尔·卡姆巴雷在书桌旁。

正是为了应对这些挑战，英国开放大学携手12个非洲国家的大学与教师培训机构，于1995年创办了撒哈拉以南非洲教师教育在线网络。撒哈拉以南非洲教师教育在线网络的主任芙蕾达·沃芬顿对挑战与机会是这样理解的："如果我们要满足接下来数十年教师教育和培训的巨大需求，那么，我们必须接受的事实是，20世纪建立的用来培训教师的砖墙机构，是完全不能满足21世纪的需求的。"随着对更多更好教师的需求的激增，我们需要更加创新的、低成本的解决方式。

撒哈拉以南非洲教师教育在线网络建立在开放大学经过验证的培训英国教师所用的模块基础上。为更加符合尼日利亚、苏丹、肯尼亚、卢旺达、加纳、赞比亚、乌干达和坦桑尼亚的课程与教师培训要求，超过700名非洲教育工作者对原有的培训内容进行了改写。其成果就是一个巨大的开放在线教育资源库，教师可以在那里获得让课堂更加生动有趣的做法，从对电的探究到诗歌赏析，一共75个模块，12种语言，分别由非洲的18个合作机构提供，每年培训30至40万教师。在尼日利亚，国家教师研究院将好几个模块整合进了数万教师的培训课程中。在加纳和卢旺达，数百名教师利用这些模块来进行他们的在职培训。不属于撒哈拉以南非洲教师教育在线网络官方团队的国家——毛里求斯和多哥，也在使用这个平台。

撒哈拉以南非洲教师教育在线网络的目标不仅仅是提供更多培训，而且通过启发教师采用更加具有想象力的教学方式来改变课堂。"我们无法改变这些国家的课程。"沃芬顿说，"但我们能逐渐从文化上对教学方式产生影响。" 撒哈拉以南非洲教师教育在线网络为教师提供了克服不利环境，上出生动有趣、有挑战的课的信心和技能。通过对一位位老师、一节节课的改变，相关评估显示，撒哈拉以南非洲教师教育在线网络培训的教师是这样的：提问更加丰富和开放；采用了更多涉及问题解决的教学方法；走出教室，利用学校的环境与资源激发学生的学习热情；在传统的整体班级授课的同时鼓励小组学习、对话和游戏。正如肯尼亚埃格顿大学的一个评估所发现的那样，教师们甚至发现他们的工作是有趣和令人兴奋的。

数千英里之外，同样的原则被应用在了拉丁美洲的农村和城市学校中。

玛丽娜·卡斯特罗轻快地承认，当她在哥伦比亚一个小乡村学校开始她的教师生涯时，她对她该做的事情一头雾水。她独自一人，尝试教50个（各个年龄段都有）孩子。情况并非像《草原上的小木屋》里那样一派田园牧歌。“我什么都没有准备。我没有掌控跨级教学的工具。几周过后，我就处在放弃的边缘了。”后来，幸运的是，一个同事介绍她参加一个帮助像她那样的教师的为期三周的教学方法培训课程。“新学校”提供了一种通过一步步的学习指南让学生组成小组进行自组织学习的教学方式。当这些学习指南来到乌干达的时候，它们被称为“不说话的老师”。

哥伦比亚从20世纪50年代开始就在实施全民小学教育。到1994年，入学率达到了80%，但实际上城乡间存在着不均衡。城市的入学率是89%，农村地区的入学率只有66%。10个农村学龄孩子中有8个在像玛丽娜·卡斯特罗所在的复式学校中。如果不能让所有孩子都有事做，他们的时间就会流失掉，学习成绩就会下降，他们很快就会厌学：纪律下滑，教师感觉自己失控、挫败、过度劳累。不难想象，采用传统教学方式的复式学校成绩不佳：在20世纪80年代，只有59%的一年级学生升入了二年级，城市学校的升级率为74%。

“新学校”的创始人薇姬·科尔伯特是从一个非常规的角度来破解复式学校的问题的。她在波哥大的一所美式学校受的教育，后来去了美国加州的斯坦福大学。当她返回哥伦比亚并在教育部工作时，她没有选择这个系统的中心，也没有选择一所富裕的城市学校，而是去了边远地区最贫穷、成绩最差的复式学校，因为那里最需要创新。科尔伯特采用20世纪60年代联合国教科文组织推广的、用在同年级内鼓励一定结构之下的自主学习模式，并将这个模式与她自己受杜威和蒙台梭利启发的研究结合起来。她跟已经自发采用了类似做法的农村教育工作者一起合作。经过数年理论与实践的互动，“新学校”发展起来了。这种方法差不多是苏格拉底式的，先向孩子们提出问题，然后让他们证明自己的答案。如果有几个小组能够被鼓励以这种方式学习，教师就可以把时间花在需要更多帮助的其他孩子身上。好处还不只是这些。在传统学校里，如果一名学生旷了一个学期的课，比如去干农活了，就只能留级一年。在“新学校”，学生可以按照他们自己的进度学习，可以根据他们的家庭经济状况上学或停学。研究显示，“新学校”还更有可能让社区参与进来，这意味着它们拥有图书馆的可能性是公立学校的两倍。

“教育界的危险在于，总是从管理角度对失败进行回应——改变系统运行方式，集权或放权，采用新的问责制度。”科尔伯特说，“关键其实是改变学习是如何发生的，这意味着采用新的教学方法。教师需要成为一个促进者，激励孩子学习，而不是把知识传授给他们。”

以“新学校”的模式培训一名教师不需要太长的时间：一年之内有三周的培训时间，随后再加上例行的在职培训即可。玛丽娜·卡斯特罗解释说，培训如果实施得好，就会产生持续的效果。“这种方法的美妙之处在于，教师要教好学生不需要什么都知道。用‘新学校’的方法，教师更多地组织、协助，把更多注意力用在跟孩子的关系上，而不是把知识强加给他们。这是一种更加水平而非垂直的关系。孩子们会变得更加具有自主性，提升自己的才能，学会表达自己，成为学习的主人。教师必须经过培训才能做到这些，且必须保持前后一致。这还必须是一整套的方法：你必须学会如何运用学习资源，让它们发挥作用。”

薇姬·科尔伯特，“新学校”项目的创始人，在她哥伦比亚波哥大的办公室里。

在最贫困的学校取得成功的“新学校”创立了一种参与、合作的灵活的学习模式。“新学校”的孩子不用坐成一排一排听老师讲课，不用从黑板上抄笔记，不用集体喊出同样的答案。他们围坐在一起，组成小组，讨论、思考如何以最好的方式完成学习指南上的任务。科尔伯特说，孩子们不仅仅学习数学和西班牙语，还学习谈判和妥协的技能，学会成为一个自我管理的公民，学会在社区里共同生活。“新学校”推广到的很多地方曾遭到独裁、内战、游击队暴动、贩毒集团、非法军事组织的严重破坏。在这些地方，有让孩子体验做一个自我管理的公民的学校是一个重大创新。

“新学校”项目于1975年在150所小乡村学校开始实施。到2011年，它已在1.7万所哥伦比亚学校实施，被从危地马拉到巴西的19个国家采用。这期间共有500万名儿童使用它的方法，使用该方法的学校辍学率显著下降，能留住各种能力水平的孩子。此外，采用“新学校”方法的学校成绩优于传统农村学校，而且哥伦比亚是全世界少数几个农村学校成绩常常高于城市学校的国家。

“新学校”已经发展到中年期。它所基于的理念甚至更老一些。采用该方法的学校几乎都没有电脑和互联网。很多学校很多时候都没有电。然而，“新学校”却在激发被很多人视为21世纪最先进的能力：合作解决问题的能力和创造力。

在数千英里之外，完全不同的条件，完全不同的学生，很多相同的原则在发挥作用。在南非开普敦一个人气欠佳的冲浪旅游地梅森堡，诞生了一个非同寻常的项目。在与海岸一路之隔，冲浪者用来停车、穿着湿衣服走来走去的地方，一幢20世纪30年代建的宾馆被改造成了一个紧密的学习社区，吸引着对数学科学有着强烈兴趣的教师和学生。

非洲数学科学研究院是理论物理学家尼尔·图罗克（Neil Turok）和弗里

茨·哈恩（Fritz Hahne）创办的。图罗克的父母是南非非洲人国民大会的著名党员，共产党人；哈恩的父母是德国传教士。他俩在一起形成了一个奇怪的组合。他们是数学科学传教士。同他们的父母一样，他们希望发起一场泛非洲运动。但他们的运动不会有牧师和教会，不会有赞美诗和布道，不会有牢房里的同志，而是统计学家和物理学家，流行病学家和工程师，他们训练有素，要应对非洲面临的诸多挑战。哈恩和图罗克创立了一种社区教育模式，他们希望借此引发一场非洲的数学运动。

弗里茨·哈恩教授，非洲数学科学研究院的首任主席，在餐厅交谈。

正式地说，非洲数学科学研究院是三所南非大学——开普敦、斯泰伦博斯、西开普——和剑桥、牛津、巴黎第十一大学合作的产物，教职员工聘自世界各地的大学。但非洲数学科学研究院不是一个普通的教育机构，只要图罗克和哈恩还能按照他们的理念办学，它就绝不会成为一所常规大学的一部分，因为这会给它造成局限。

非洲数学科学研究院从全非洲的大学录取优秀毕业生。给予每个学生大约每年一万美金的全额奖学金。来自多哥的年轻数学家科米·阿法辛诺朝气蓬勃，能让复杂的微分方程在黑板上跳舞，他就是被录取的一位典型学生。阿法辛诺家里共有21个孩子，即便南非或欧洲的一所大学有意录取他，他也没有钱坐飞机去参加面试。但非洲数学科学研究院负担了全部的费用。50名学生中有三分之一为女性，他们将共同在梅森堡的校园里高强度地工作和生活10个月的时间。学生宿舍就在研讨室的楼上。每一顿饭都在光线充沛、气氛友好的自助餐厅里。每天到了下午茶的时间，所有人都停下来聚在大厅喝茶。

在这里很多学生遇到了困难，不是因为他们的数学，而是因为英语欠佳。于是，学院专门给他们配了一位专家级的语言教师。对很多人来说，最令人吃惊的是，学院有一间联网的电脑室，每天24小时开放。很多学生是首次使用电脑一次超过一个半小时，还有极少数学生从来没有用电脑来做过数学。这里的学生都是很有才华的，但他们所受的教育很不均衡。如果他们之前读的大学正好有不错的书籍和优秀的教师，他们可能会掌握学科里最复杂的内容。很多时候，他们掌握的数学基础知识中有很大的漏洞，仅仅是因为他们的大学没有合适的书籍和教师。他们接受教育的方式往往是最传统的——教师站在教室前面作讲座，没有时间提问，也没有互动。就像来自卢旺达国立大学的伊娃·莉莲说的那样："讲座老师是老大，就像神一样，你绝不可能跟他说话。"

非洲数学科学研究院把这一切都翻转过来，设计了一种真正培养人和培养数学家的方法，而不是把大堆知识倾倒给他们。在前三个月，他们学习基础课程，诸如数学问题解决、建模、计算这样的主题。在接下来的三个月时间里，他们将聚焦一个特殊兴趣领域，比如贝叶斯统计学、数学金融或非线性波。在最后阶段，他们会撰写拓展性论文，会涉及大量的研究和答辩。2010年，来自乌干达

非洲数学科学研究院的学生科米·阿法辛诺，来自多哥的一位年轻数学家，专长是复杂微分方程。

的朱丽叶·那卡卡瓦撰写了一篇有关老年人肺结核风险的论文，如今她在斯泰伦博斯大学读研究生。来自肯尼亚的保罗·基贝特·科里用系统发育隐马尔可夫模型撰写了抗原决定基的发现，如今他在位于戈尔韦的爱尔兰国立大学读博士。每年，学院从来自世界各国的450名志愿者中选出25名讲师到这里讲授3周他们最感兴趣的非正式课程。

让人们对非洲数学科学研究院如此着迷的是它的氛围。穿着一件旧滑雪衫坐在餐厅里的弗里茨·哈恩这样描述它："这是一种完全不同的教学方式，它不是用来筛选人的，它是让人成长的。要实现这个目标，你需要让学生学会如何提出有趣的、开放的问题。这里没有固化的课程，没有对问题的正确或错误的回答，只是鼓励人们探索和解决问题。因此，我们努力教得更少，但教得更好。跨学科教学是至关重要的，因为你要鼓励学生从不同的角度去解决问题。"非洲数

非洲数学科学研究院的学生主要通过小组讨论的方式学习。

站在非洲数学科学研究院外的一名学生。

学科学研究院的课，即便是那些诺贝尔奖得主和国际专家的课，更多的时候也是开放的讨论而非讲授。学生不仅从教师那里学，他们还相互学习。伊娃·莉莲在对比她在卢旺达和梅森堡的经历时说："在这里你能真正接近你的老师，跟他对话，说什么都可以。"她看上去似乎刚刚从这种不可思议中走出来。

这里的考试也主要是口头形式的，往复多次，让他们验证自己提出的想法。"我们不会给他们精确的分数和等级，"巴里·格林主任说，"因为我们不希望他们追求成绩。我们不是检测知识的掌握，而是培养数学家和科学家。"

非洲数学科学研究院的氛围跟采用"新学校"教学法的小乡村学校的气氛是一样的，也折射出撒哈拉以南非洲教师教育在线网络所倡导的教学法。三个创新项目虽然很不一样，但关于学习如何发生所持的一些核心理念是一致的。我们的创新者是实用主义者，驱动他们的是对学生起作用的做法。然而，这些实用主义者却有着很强的原则性。他们不想纠缠于行为主义与建构主义、传统主义者与激进者的意识形态和理论的纷争中。他们想要能起作用的方法，尤其是对那些最容易在传统教学形式下学习状态不佳的学生。

非洲数学科学研究院现任主任巴里·格林教授。

一位教师站在非洲数学科学研究院在重修的海边别墅内设立的附属研究中心外。

我们的创新者对于有效学习是如何发生的有以下共同的原则：

传统学校的标准学习形式就是学生一排排坐着，看着教室前面的老师，看着黑板。这是线性的，垂直的，等级化的。我们的大多数创新者让学生围坐在一起学习，不仅向教师学，还相互学习，教师是协调者。他们的模式是环形的，平面的，同一层级的。

学习是一个积极主动的过程，需要对知识进行理解并将知识运用到新的情境中。掌握一个学科或技能并不是简单地记住内容，甚至也不是植入程序（尽管二者对于学习都很重要，从乘法表、语言到音乐、体育）。学习来自对知识的掌握并将知识运用在不同的情境中。学习应该是一个生成的过程，在此过程中，知识和理解不断发展和调适，有整合旧知识，也有摈弃旧知识。

只有在学习者感到有动力学时，投入地学习才有可能发生。学习通常是培养形式化的、分析的和认知的技能。但是如果没有合适的动机，这是不可能实现的，这就涉及学习的情感因素。

有动力的学习需要让学习者感到个人的重要性。即便大多数学习内容都是标准化的，要投入地学习也需要使学习体验个性化。这意味着教学需要足够的灵活性，以不同的方式满足不同的需求。孩子应当被鼓励成为他自己学习的主人，并在学习过程中有话语权。随着学习的推进，他们应该更加能够管理自己的学习，而不是依赖老师管理学习的进度和目标。

个性化学习并不意味着独自学习。学习是一个互动的对话过程，既是和老师的对话，也是和同辈的对话。合作对认知也是有益处的：孩子学会认识他人的观点和见解，将自己跟他人的想法结合起来。以恰当的方式跟他人一起学习会带来巨大的学习动力。

当人们遇到复杂任务的时候，很重要的是他们能理解背后的原则，以及如何把这些原则运用在新情境中。不是得出“正确”答案，他们需要找到合适的路径。学习越是聚焦于解决复杂问题而非对一个简单问题给出正确答案，教学就越不能只是传授知识。

学习受益于反馈，但反馈并不只是在课程最后测试学生学到了什么。形成性评价能在学习过程中为学习者提供更持续的指导。评价更应该像创造性的对话，而不是给一个分数。可测量、明确的目标、测试和考试，对于捕捉隐含的、不太容易被观察到的学习的其他方面，比如社会和情感方面，并不擅长。

学习需要具有延伸性和挑战性。找到合适的方式刺激年轻人接受不熟悉的、有些令人生畏的挑战，是好的教学的一个关键。制定并实现较低的目标，很容易让人乏味分心。人们实现了起初认为超出自身能力的任务时的兴奋与激动，对学习欲望的调动至关重要。

学习应该是艰苦付出但同时也应该是有趣、有回报感的。应该鼓励学生探索和发现，但却不能没有一张帮助他们寻找方向的地图。即便探索式学习也需要一定程度的组织结构。

波士顿克里斯多·雷伊学校，学生在课堂上。这是由耶稣会牧师创办的24所集群学校之一。

被学生包围着的艾米丽·斯马丽，波士顿克里斯多·雷伊学校的协调人。

学习可以在各种不同的情境下发生，而不仅仅是在学校的教室里。各种情境——社区、文化机构、工作场所——都需要被利用起来。对这类自主、投入、自我反思的学习的情境设计，是一个复杂的高难度的工作，比在教室的黑板前上一堂传统的课复杂得多。需要能力很强、很有创造性的教师来引领这一类学习。

在学徒项目把学习从学校拓展到社区中，在母亲儿童教育项目所鼓励的母亲之间的合作学习中，在墙洞项目为让学习有趣所设计的电脑游戏中，在非洲数学科学研究院高强度、高水平的讨论中，在“新学校”所倡导的合作的自组织学习中，运用了这些原则。在克里斯多·雷伊的教室里，教学可能是传统的，但孩子们所学大多数来自他们的工作经历，他们需要在工作中形成团队，快速行动。在巴

克里斯多·雷伊学校的一名学生在课间休息。

基斯坦，公民基金会在探索如何将批判性思维与创造力整合到课程中。救助儿童会关于重写未来运动的报告中也体现了类似的原则："在被战乱侵扰的国家，更宽泛地界定学习成果显然是非常重要的，包括批判性思维、实用技能、情感与社会性发展以及反映人权的态度与价值观。"救助儿童会列出的高质量教育要素清单，契合了儿童所生活的背景：具有参与性，让儿童及其家庭参与到学习和学校的组织中；足够灵活，能够应对处于变化中的需求与条件。

问题在于，即便儿童上了学，他们也极少能获得这类教育。约翰·哈蒂（John Hattie）教授分析了800多项对学习的大规模研究后发现，大多数有效的教学方法皆让学习者作为参与者投入到学习中："高水平教师能力中最重要的部分，是他们让学生在课堂上干什么，而不是教师干了什么。学生必须将注意力放在解决问题的多元路径上，积极地参与到学习中。"哈蒂得出的结论是，教师若能让学生看到不同知识碎片背后共同的原理，并能够在面对不同的挑战时重组他们所学的知识，教师就成功了。重要的是学生被鼓励运用他们获得的知识，而不是教师向他们展示了什么。被动的学习者可能会倾向于高组织性的教师，他们教学目标清晰，课堂高度结构化。更加积极的学习者倾向于充满热情的、适应性强的教师，他们让学生尝试各种不同的路径，在课堂上鼓励高水平的互动。"学校教育的目标，"哈蒂说，"应该是让积极的学习者尽可能地多，但这要求教师能用学生的眼光看待学习，并知道如何让他们投入到培养这些品质的学习中去。"

斯坦福大学的教育学教授琳达·达林－哈蒙德在考察了持续困扰非裔美国人的教育不均后，得出了大致相同的结论。她说，教育机会的均等意味着创造出更多有意义的学习机会。儿童很早就被分化到了不同的发展路径上，那些被贴上

穆斯塔法·凯末尔·阿塔图尔克的照片在土耳其的学校随处可见，反映了教育与国家发展的联系。

了困难或慢的标签的孩子被放在挑战性严重不足的课堂上。对他们的期待和要求太少，在他们身上投入的资源和时间也少很多。不难想象，最后的结果也是人们所期待的：更差的成绩。

“教育如果再把重点放在知识的传授上就不再会有结果了，知识被记住后也不再会形成一个稳定的知识储备。”达林-哈蒙德说，“相反，学校教授学科知识的方式必须聚焦于核心概念，帮助学生学会如何批判性思考，如何自主学习，这样他们才能够在新的情境下运用知识，并能应对处在变化中的信息、技术、职业与社会状况的需要。”

知识传授模式的课程，被设计用在大规模、非人性化、工厂模式的学校里，学生每50分钟被从一个老师传送到另一个老师，一个学科传送到另一个学科，年复一年。“具有挑战性的课程，只提供给很小一部分学生……事实上，高质量的课程——由具有智力挑战性的任务、有力的教学和支持性学习资源所带来的，雄心勃勃且序列化的学习目标组合——在美国相对来说很少能获得。”

这是创新者需要攻克的另一个挑战：不是谁学，如何学，而是学什么。

第六章

学什么：知识与能力

在靠近巴拉圭首都亚松森的塞里托，由巴拉圭基金会运营的旧金山农业学校，一名学生正在为牲畜准备食物。

旧金山农业学校坐落在巴拉圭首都亚松森往西一小时车程的塞里托，墙上的印度象浮雕是其古怪起源的唯一线索。旧金山农业学校是20世纪50年代由逃离印度迫害的方济会修士创办的，70年代转交给了喇沙修士会。到了世纪之交的时候，因为学生人数下降，政府拨款不稳定，学校的命运岌岌可危。无奈之下，修士们求助于前亚松森市长、拉丁美洲首个微贷基金——巴拉圭基金会的创始人马丁·伯特。

伯特向来敢于冒险。他曾经组织他的委员会将废旧的卡车堵在首都的主要道路上，降服了联邦政府派来的坦克。他还致力于寻找基于自力更生的消除贫困之道：巴拉圭基金会向4.7万个微型企业投放了超过9750万美元的贷款。基金会的成功意味着，当喇沙修士会问他是否愿意接管他们美丽但却凋敝的学校时，伯特可以投入额外的资金。学校包括查科平原森林里琥珀色的校舍和一直延伸到巴西边界的大面积农作物灌木丛林地。伯特看到了通过教育实现其使命——为人们寻找脱贫的道路——的另一个不同的机会。

巴拉圭的教育系统与大多数拉美国家类似。小学教育基本普及，但只有64%的学生小学毕业。在农村地区，这个比例更低一些。只有60%的孩子上中学，在最贫困的20%的家庭中，辍学率接近66%。如果你是巴拉圭农村的文盲贫困家庭的孩子，你在18岁前获得良好教育的可能性是很小的。马丁·伯特想改变这一切。

办一所住校的农场学校，让学生在学习数学和历史的同时学习畜牧业和农业，这个想法并不新鲜。伯特提出的方案却是以往从没试过的：办一所通过出售

1. 马丁·伯特跟3名上午在旧金山农场学习后回校准备吃午餐的学生说话。
2. 仅有的几个显示农场学校创始人为方济会修士的标志之一。
3. 一个男孩离开牲畜场去查看菜地。

孩子们自己生产的农产品实现自给自足的农场学校。为了使之成为可能，孩子们要学的东西以及学习的方式必须发生变化。

这所学校每个学生每年的教育成本是2000美元。为了赚到聘请教师的钱，学生一周工作——在学校内部的有机农场，或在学校开的宾馆和餐厅——一周在教室里学习。孩子们穿着橡胶靴和脏兮兮的衣服，欢快地在泥地里淌来淌去。他们每年上学280天，而不是常规公立学校的180天。所有人早上5:45起床，从上到下打扫学校卫生，然后吃早餐。之后75人去上课，另外75人到农场工作。伯特介绍说，所有学生都来自查科平原上靠这贫瘠的土地谋生的家庭，他们常常还在使用50年未变的技术。

“打破贫困的恶性循环是异常艰难的。农场学校以及传教士学校的问题在于，它们在设计上就是要让人们继续贫困的。孩子们来这里学到的最重要的功课便是，改变是可能的。如果你从这里毕业，你在技能、信心和态度上就不会贫困。穷人有强大的内在资源和力量，问题是如何把它们引导出来。”

孩子们从旧金山农业学校毕业后不仅可以获得一个标准的高中文凭，还能获得一个职业技能文凭，他们还在工作中学习如何成功经营一门生意。他们不只是赚钱来学习，而是边赚钱，边学习。

18岁的尼尔森·阿克奎诺就是这样的典型学生。他跟两个小一些的男孩，16岁的埃德加和14岁的佩德罗一起工作，耐心地向他们解释如何双挖菜畦，才能让蔬菜长得更密、更多。首先，他挖出30厘米厚的表层土，接下来，将它们堆在

旧金山农场学校的孩子捡鸡蛋、打理鸡禽，不仅为学校提供食物，还通过出售农产品挣钱，以此负担学费。

菜畦最上层。然后，他把耙插入到土层下面，使之松动，使蔬菜的根更容易深入到湿地里，接触到下面的微生物。“农民需要知道如何更加有效地种植食物并提高价格。”他的老师，同样在这所学校上过学的豪尔赫·马利内累斯解释说。几个月后，尼尔森将沿着他老师走过的道路，到哥斯达黎加的地球大学继续学业。

全校的学生都在捡鸡蛋、挤牛奶、屠宰、打理鸡禽、发酵酸奶和制作奶酪。“这里没有什么不是真的。”伯特说，“这不是一个兼做的项目，也不是模拟一门生意。这就是生意。每一分钱都是有用的。”在伯特执掌学校的第一年，旧金山农业学校只赚了4.2万美元。如今已经超过了35万美元，足以支付其办学成本，此外还有小部分结余。

学校只能通过一种不同的教学方式来实现这样自主的、充满企业家精神的学习。伯特刚接管学校的时候，很多原来的教职员工都离开了。他从微贷基金中招募了新的学校高级领导团队，因为他们知道如何在预算紧张的情况下经营一项业务。学校的校长负责学生的学习成绩和平衡预算。酒店管理教师马丁娜·卡巴莱罗通过经营一家盈利的宾馆来教学。旧金山农业学校是一个浸没式、产出式的学习社群，大一些的孩子经常教小一些的孩子学习如何经营一门生意。

伯特在巴拉圭还另外创办了两所这样的学校，包括一所位于森林深处的女子学校。这个在拉丁美洲偏远一角实施的小实验引发了全世界的兴趣。我们探访这所学校的那天，学校正集会，向校长雨果·佛罗伦萨告别，他将要去坦桑尼亚建立一个自给自足的农场学校集群。

午饭的时候，我们遇到一个来自墨西哥的准备效仿这个模式办学的团队。吸引他们来到塞里托的是一种改变学生命运的教育路径。伯特以孩子们的出路来评判他办学的成败。每个毕业生都能在毕业四个月后就业或继续求学。

学生在旧金山农业学校学到的是一套他们经营自己的事业所需要的技能，从此走上一条脱贫致富之路。这个教育内容并不是国家课程规定的，但通过创造性的应对与设计，教师教会他们如何作为成年人应对现实生活中的挑战。他们毕业时带走的不仅仅是毕业证，还有依靠自己的双手摆脱贫困的能力。

儿童为21世纪做好准备究竟需要掌握哪些知识和技能？人们普遍认为，发展于20世纪的工业时代的学校系统已经不适合将要来到的这个世纪了。那样一种

1. 两个在工作间隙喝马黛茶的男孩。
2. 女孩跟男孩在农场里一起工作。
3. 尼尔森·阿克奎诺在检查他的菜地。
4. 学校农场使用牛来种地，因为大多数学生将来工作的农场不会有拖拉机。
5. 蔬菜农场，学校的大多数食物都是这里种植的。
6. 尼尔森·阿克奎诺在照看幼小植物。
7. 挤奶过后休息中的男孩。

学校教育教给孩子的是服从、顺从、守时及遵照指令的能力，以及如何记住正确答案，并在预定的时间内重现的能力。然而，对于用什么来取代它们，却没有那么多的共识。

评论家肯·鲁宾逊爵士因倡导更加个性化的教育而享有世界声誉，他强调被标准学校抑制的创造力的培养。鲁宾逊的立场得到了那些研究在全球互联、创新引导的经济中的雇主需求的领先学者们的响应，新经济要求工作者具有灵活性、适应性，并能合作地解决问题。这就产生了哈佛大学托尼·瓦格纳教授所称的全球两极分化："即便是最好的郊区、城市及农村公立学校的所教所考，与所有学生在今天的全球知识经济中作为成功学习者、工作者与公民的所需之间，仍存在着巨大鸿沟。"瓦格纳认为，现代教育应该围绕孩子们探索的有趣问题进行组织，而非围绕他们应该记住的、获得考试高分的答案。整个课程的理念是完全过时的。

瓦格纳的分析得到全球很多企业的力挺，尤其是在高科技领域，它们倡导"21世纪技能"这个理念：沟通能力、批判性思维、合作与创新。大约70%的美国工作需要专业知识和技能，在20世纪初只有5%，而规模化公共教育就是以那个时代为基础建立起来的。现代经济越来越不情愿，也没有能力吸纳没有经过专业训练的体力劳动者，而学校系统还在大量地生产。以琳达·达林－哈蒙德的观点来看，学校的新使命应该是为孩子们做好准备，以从事现在还未知的工作，解决现在还不明显的问题，使用现在还未发明出来的技术。这意味着要使他们具备以创新的方式运用与再运用知识的能力。简而言之，现代教育的核心，是合作的创新能力，而非工业时代学校的服从文化。

然而，这一新的理念也遇到了批评者，既有来自自由主义的，也有来自保守派的。其中最严厉的批评者之一便是前耶鲁大学文学教授埃里克·唐纳德·赫希（Eric Donald Hirsch），他认为沟通、合作、创新等新技能，取决于对内容的掌握，尤其是对基础知识的掌握。很难让没有学习基本历史知识、日期与事件的孩子去学习如何解读历史。赫希的观点被官方默认，其改革朝向更有规定性、更加细节化的课程，学生在每个阶段应该掌握什么内容都有详述。倾向于自由主义的批评者的反对意见是，聚焦经济回报的技能教育太过工具化：这是贱卖教育。哈佛大学的伦理学教授玛莎·努斯鲍斯（Martha Nussbaum）在《告别功利：人文教育忧思录》（*Cultivating Humanity and Not for Profit:Why Democracy Needs the Humanities*）一书中说，教育应该建立在经典理念的基础之上，尊重人文学科，尤其是在一个充斥着消费主义、商业与技术的世界。与此同时，以多元智力理论著称的哈佛大学教育家霍华德·加德纳认为，教育应该倡导真、善、美的经典美德。

我们的创新者对于这场愈发错综复杂、令人担忧的争论有什么话要说呢？他们认为孩子们应该学什么呢？

我们的创新者处在经济与民主发展水平不一的社会中，从发展中国家被摧毁的贫民社区，到发达国家的贫民窟，以至偏远的农村地区。我们可以明显感受到的是，孩子们需要学习什么来应对他们的生活，具有巨大的差异性。对于一个在非洲贫民区长大的女孩来说，学会如何不成为HIV阳性可能是她能获得的最重

电脑能改变教育，但很多发展中国家的贫困学校甚至缺电，因而只能依赖于旧有的工具和方法。

要的知识与技能。在巴拉圭的农村，学会如何充分利用表层土可能至关重要。在芝加哥的贫民窟，学会如何抵挡帮派与毒品的诱惑，坚持上学并读到大学，或许是具有决定性的能力。也许，最大的危险在于，孩子们被迫学习僵化死板、远离他们生活的课程。我们的创新者聚焦在一些结合知识与技能的共通领域。

第一个主题是全球化。围绕在全球经济中获得工作所需的共通技能，越来越呈现聚合趋势：对一种世界语言如英语、西班牙语的阅读、写作与理解能力，基本的电脑技能，对数学和科学的理解，与人交往的社会技能。

全球互联愈发增长的重要性还带来了其他问题。一个是人们如何应对文化差异与多样性。一个跨文化教育的例子就是奈夫·穆塔瓦（Naif Mutawa）博士原创的连环漫画和卡通系列片《The 99》，该剧以阿拉从慷慨到善学的99个特质为基础，旨在对抗在全世界盛行的极端主义版伊斯兰。《The 99》正在搬上电视和网络，由穆塔瓦博士从漫威动画公司和“蜘蛛侠”创作团队中请来的艺术家绘制。在波斯尼亚、塞尔维亚、克罗地亚，历史老师勇敢地开展了关于他们共有的战乱历史该如何教的讨论。索丽雅（Soliya）的“连接课程（Connect Programme）”使用视频会议技术来连接全世界的年轻人，这是联合国和平大学30年来一直在做的事情。另一个问题是，教育如何帮助人们丰富自己的原生文化，保护它们不被来势汹汹的趋同的全球电视与音乐文化打趴下。在19世纪末和20世纪初，教育是国家统一的工具，用来创建共通的知识与文化，弘扬民族自豪感，彰显经济实力。如今，教育系统需要适应这个全球化的广泛而深度互联的世界。

第二个主题是可持续发展。大规模公立学校系统既是工业化的一个产物，也是推动工业化的手段。如今的孩子在离开学校后，会进入一个面临着可能由极端气候变化带来巨大破坏的威胁的世界。创新者对此的回应是设计新的方式，将可持续发展整合到教育中，帮助学生学会如何构建并用更加有效的方式解决能源、交通、废弃物等问题。这些创新项目包括：喀麦隆的生物多样性计划，危地马拉的可持续发展旅游项目，田纳西大学的耗能与其生产能量相当的光源“永生照明”设计挑战项目，以及世界上首个可持续发展学院——该学院由加拿大达尔豪斯大学所建，创建了一个汇集了生物学和物理学，以及环境、社会与经济科学的跨学科专业。

第三个主题是公民与自治。我们的创新者在每一种民主体中活动，有成熟的民主体，也有脆弱的民主体，有世俗社会，也有倡导宗教的社会。但在所有社会中，人们都将教育视为通向自治与负责任公民的必由之路。民主的日常文化改变了人们对权力者对待他们的方式的期望，而教育与此文化相互助力。

最后，我们的创新者在重新连接学习与工作。挣钱与学习的连接是马丁·伯特快速发展的全球自给自足农场学校集群的中心。其他很多项目也基于这样的理念：一个人所受教育的最终测试在于它是否把人导向富有成效的工作。他们还担心学校变得太过学术化，与现实生活相脱节。其中一个普遍的补救措施是加强商务与教育的连接。

在欧洲发展最快的经济体土耳其，20岁以下的年轻人中有超过20%未就业，而雇主却在抱怨他们无法找到能填补空缺职位的合适人选。2006年，土耳其历史最长、规模最大的一家公司KOC发起了一个为期7年耗资2000万美元的项目，为256所职业学校的8000名学生提供4年的支持。受助的学生需承诺坚持他们的职业教育，并像一名潜在的KOC员工那样表现。有一小笔奖学金作为激励，还有一位来自KOC的导师帮助他们为工作做准备。“为就业的教育”项目在阿拉伯大多数地区运行了一个类似的课程，由当地和国际领先的公司，如思科、家乐福赞助。该项目在约旦的分支JCEF开发了诸如酒店管

印度孟买乔西市立学校帮助孩子学习阅读的卡片。

理、零售、信息技术、销售等课程，为年轻人提供机会以学习他们获得首份工作和开启职业生涯所需的技能。

我们的创新者不认为关于21世纪技能的各持一端的学术与政治讨论有什么好处。他们对知识与技能、内容与能力如何相互促进发展，持更加务实的态度。学习可以是结构化、序列化的，同时也可以是鼓励创新和通过互动来进行的。我们的很多创新对于需要学习什么内容都有经过仔细考量的结构：母亲儿童教育项目有一步一步指导家长成为教育者的指南，“新学校”有供孩子使用的学习指南。然而，这些项目同样鼓励参与性强、有动态活动的学习。批判性思维与创新能力并非新鲜事物，但今天可能比过去更需要这些技能。就像很多创新一样，这是如何把新旧相结合的问题：新技术与旧有技能的结合，内容与能力的结合。

或许，最大的危险在于，无论什么课程被学校系统采用，它都会变得太过细节化和规定性。想象一下，在1911年坐在屋子里制定数十年后孩子们所需要的技能。谁能预测到批量生产小汽车、电视，两次世界大战和冷战，以及原子弹爆炸、法西斯主义、电脑、避孕药丸及猫王的出现？对于那些详细预测孩子在未来世纪大获成功需要学什么的主张，要谨慎对待。

最成功的教育系统——比如芬兰和新加坡的教育——的课程规定性相对较低，学生可以投入更多时间围绕少数几个主题进行深度学习。有限的核心课程给予老师更多空间调整教学方式。正如约翰·哈蒂在他的国际调研报告《可见的学习》（*Visible Learning*）中总结的那样，一个课程说了什么，不如一个教师用它来做了什么重要。部分问题在于，学生很容易被较难的学习材料所迷惑，而开始厌倦他们已经知道的材料。如何教孩子和教他们什么，需要一同考虑。把二者结合好，便是我们的创新者要攻克的最后一个大难题的关键所在，该问题更是：如何激励学生主动学习。

oft & Delight
CONES
SLUSH

第七章

为什么学：吸引而非强制

多伦多摄政公园，学生和家长前来庆祝在教育之路项目上取得的成功。

卡洛琳·埃克尔非常沮丧。她在摄政公园的一个社区健康项目工作了5年，但却对打破这里的贫困与疾病的恶性循环无所作为。摄政公园是加拿大最早、最贫困的公共住宅区之一，居民大多是新移民，1948年建成的时候是一个示范项目，有封闭的院子，还有一连串现代高层塔式建筑。摄政公园起初是爱尔兰和意大利移民的家，后来又接收了如潮水般涌来的泰米尔人、孟加拉人、越南人和苏丹人。到那时，这里已经变成了贩毒者的天堂。2000年摄政公园跌入谷底：在一幢住宅楼内就发生了9起凶杀案。

那个夏天埃克尔决意改弦更张。这个地方连同当地的年轻人在走下坡路。埃克尔最终意识到，改善社区健康的最佳路径是让更多的年轻人上大学，然后找到更好的工作。他们的收入增加了，他们的健康状况也会随之改善。然而，在考察了摄政公园的教育状况后，埃克尔发现他们的教育同样黯淡无光。大多数的居民要到很远的地方去谋生和寻找机会。父母们是勤奋、有决心和事业心的，但他们孩子在学校的表现几乎可以说是灾难。摄政公园的10个14岁孩子只有4人两科及格，这是注定失败的一个早期标志。果然，摄政公园56%的孩子不到中学毕业就辍学；只有20%的人接受高等教育；辍学的孩子成年后失业的可能性是其他孩子的两倍。

埃克尔和她的同事诺曼·罗文开始跟父母和孩子们谈论如何扭转局面。他们发现，孩子们是想上学的，家长们希望自己的孩子成为医生或护士。但家长和学生们都发现中学教育系统令人困惑而怯步。很多父母不会说英语，他们在来加拿大之前也没有完成中学教育。很多人从事的是没有发展的低收入工作，这意味

上：卡洛琳·埃克尔和教育之路项目以前的一个学生，如今这个学生在读硕士。

下：教育之路项目的联合创始人诺曼·罗文。

着他们只有终日劳动才能收支相抵。因此，他们没有时间帮助孩子学习。上中学意味着要乘车上学，这超出了很多最穷困家庭的支付能力。上大学对他们来说更是不敢想象。在学校里，孩子们发现自己很容易迎合很多老师对他们的刻板印象，让他们永远困在低士气、低期待和低成就的怪圈之中。当罗文去一所学校跟老师们交谈如何让来自摄政公园的困难孩子变得更好时，副校长回答说："这些孩子？管他干吗？"

罗文跟200多个年轻人及其父母进行了交谈，对阻碍他们上大学的障碍做了非常详尽的了解。她还跟少数几个为上大学逃离了摄政花园的年轻人交流。他们每个人都说，他们取得成功是因为有一个强大、坚定的导师——教师、体育教练或牧师——一直站在他们身旁。

基于这些看似相互间没有关联的成功要素，埃克尔和罗文为摄政公园的年轻人读中学设计了一个简单但却周全的计划。这个后来演变成“教育之路”的计划，以一个协议作为基础。它是这样运作的：

一个孩子参加这个计划后，就可以免费乘车往返学校。只要坚持参与这个计划，每年就会有1000美元进入用来支付未来大学学费的账户，条件是，孩子的出勤率不能低于85%，且成绩必须符合升入下一个年级的要求。为确保孩子达到要求，“教育之路”给他们提供了强有力的支持。孩子们必须每周拿出4个晚上参加由志愿者在当地社区中心组织的家庭作业辅导课。每个月，他们还要多次去看社区的志愿者导师——医生、律师、教师——导师们将给他们搭建工作机会的桥梁。至关重要的是，“教育之路”还给每个孩子分配了一个辅导员，他们不仅指导孩子，还与父母和学校联系。这个辅导员就像一个教练，不过专为学业：激励、支持、制定更高的目标，查漏补缺。

埃克尔解释说：“辅导员是不可或缺的。他们不是教师，也不是社会工作者。他们就来自当地。他们为孩子提供严厉的爱。我们想在这些孩子的内心建立起自律，建立一个内在的指引系统，这样他们就不会受制于当下的冲动，而为长远投资。”

孩子们在多伦多摄政花园的教堂停车场玩。背景中的新公寓是该住宅区重获新生的首要标志。

教育之路项目成立于2001年，摄政花园发生谋杀案后的一年，由一些有远见的基金会资助。项目的影响很快显现出来。符合条件的孩子有95%都参与了这个项目。如今，摄政花园的孩子14岁时不及格的仅有11%，辍学率从56%下降到了15%。波士顿咨询集团的一个调研显示，每为“教育之路”投入1美元，孩子在一生中将带来24倍的回报，包括更高的收入、纳税和更低的公共支出。80%完成教育之路项目的孩子继续求学，大多数上了大学。

卡尔文·陈是一个典型的例子。卡尔文的父母之前在上海未读完中学。当他们来到加拿大之后，几乎不会说英语。卡尔文的父亲在一家汽车组装厂工作，母亲在一家纺织厂工作。卡尔文一家来摄政公园的时候，正好赶上这个地方开始走下坡路。他说，他的父母很擅长隐藏他们的贫困。卡尔文在八年级的时候就参加了“教育之路”，但一开始并没有引起项目太多的注意。他勉强能够撑下去。转折点来自他告诉他的老师，他想上大学，将来做一名护理人员。老师居高临下地对他笑了笑，建议他把眼光放低，从事跟他的平庸分数相匹配的体力活。当卡尔文把这段对话讲给“教育之路”的辅导员听的时候，辅导员告诉他，他可以争取到他需要的分数，甚至可以在当地医院实习，但他必须振作起来，用心筹划。卡尔文这么做了。他开始在学校努力学习，参加家庭作业辅导课，关注他的同龄人在干什么。卡尔文后来上了大学，现在在他的辅导员最初给他介绍实习的医院做护理人员。

摄政公园项目的成功吸引了基金会的后续资金，最终政府为让这个项目在全加拿大普及，连续4年每年拨款500万美元。到2011年，教育之路项目已服务了11个社区的3380名学生。项目计划到2016年通过20个子项目服务近1万名学生。据负责监督项目规模化的“教育之路”基金会首席执行官大卫·修斯估计，受益于此项目的加拿大学生应有7.5万名，主要是少数民族背景的学生。

“教育之路”并未改变孩子们在学校学什么，也没有改变怎么学。在教学方法上它也没有任何激进的动作。埃克尔和罗文创设的是一个让孩子保持学习欲望的动力系统，让孩子们即便是在艰难的情况下仍坚持学习。其中一部分激励是外在的和立即兑现的：不只限于上下学的免费巴士。也有延迟的激励，让他们学会等待回报：他们上大学的时候会有一笔资助等着他们。不过，与这些奖励同等重要的是他们从同龄人、辅导员和志愿者导师那里获得的社会激励，以及从学习的进步中获得的快乐。

如果一个孩子要完成整个小学和中学教育，他们应该连续15年，每年220天，每天5个小时待在学校。如果太多的时间是枯燥无聊的，他们的好奇心必然会减弱，想象力会长期休眠，不知道老师会把他们带向哪里以及为什么学，那么，孩子们把头伸向窗外，心不在焉、胸无大志就不奇怪了。

一个普遍的假定是，最大的挑战来自教育的供给侧。如果我们能把更多的孩子送入学校，让他们上更长时间的学，那么，所有问题都会得到解决。我们假设大多数父母希望他们的孩子上学，大多数孩子也是想上学的。然而，我们真正面临的很多最重大的挑战是在需求侧的：父母和孩子不为教育投资，因为他们看不到这样做的意义。可以说，是他们自身的低抱负导致了低出勤率和欠佳的成绩。

经济学家倡导的看法是，人们将教育视为一种投资。人们只会在看到明确回报的情况下才把孩子送到学校。他们需要做好投入时间和精力，舍弃他们可能会赚到的钱的准备，以此来换取他们离开学校后会获得的更高的收入。人们可能理性计算出为教育投资没有意义，因为他们只能看到较低的回报，因为没有足够多为受教育的人支付高薪水的工作。回报太遥远，太不确定，很难做出值当的投资。

这样的计算是印度部分地区的父母考虑是否送

圣保罗一所空空的中学正等待暑假结束，学生们回归。

孩子上学的重要因素。阿比吉特·班内尔吉和爱斯赛尔·多弗洛在《穷人经济学》（*Poor Economics*）中描述的一个研究显示，在经营国际呼叫中心的公司开始在偏远乡村招募员工后，父母们开始大批地将自己的女儿送入学校。我们的几位创新者用这样的投资模型设计了他们的项目。例如，克里斯多·雷伊学校就有一个清晰的设计，他们让孩子在上学的时候就能获得报酬不错的工作，进入大学后能有成功的职业发展。旧金山农业学校之所以能激励孩子学习，是因为它提供了一条脱贫的道路。

然而，经济激励仅仅是复杂的学生学习动机问题的一个方面。即便孩子能从学校寻找一个明确的回报，他们也可能并非是在想他们未来的就业前景。就像克莱顿·克里斯坦森和他的同事所说，理解学生的动机意味着站在他们的立场去想。“他们想有成就感，想取得进步，想跟朋友们一起玩。”如果在学校学得好能帮助年轻人实现人生的两大目标——成功，受欢迎——他们会上学。如果上学意味着厌倦、失败、焦虑、欺凌和潜在的羞辱，那么，年轻人转向其他更有可能让他们感到受欢迎和获得成就感的活动就不奇怪了：音乐、体育、帮派、工作。他们或许还会选择把自己藏起来，躲在教室后面的一角，希望不被发现。

学校在参与注意力经济的竞争。公共教育系统正面临来自私立学校的直接竞争，但它们真正的竞争是争取学生的注意力，学生在生活中有越来越多分散注意力的可能。社交媒体、电子游戏、让他们能制作音乐和动画的软件，所有这些都在让孩子感到他们能享受、分享、交谈和做很多事情，在同一时间，还能跟朋友们连接在一起。学校从来没有为孩子们创设过如此丰富多样的体验。这就是学校很难吸引住孩子们的注意力的原因。

此外，人们所做的关于学习的决定极少像经济学家想象的那样，建立在理性计算的基础上。学习通常是一个高负荷的活动：在孩子克服障碍解决问题的过程中，会牵涉挑战和失败，挫折和成功。这些挑战会引发各种情感体验，从欢喜到蒙羞、沮丧。当孩子感受到负面情绪的时候，他们很可能不再投入地学习。荷兰莱顿大学研究学习情绪的莫妮克·博凯尔特（Monique Boekaerts）认为，当孩子有胜任感、操控感，能自我调节并跟同伴合作良好时，他们有积极的情绪体验。对于挑战，如果他们感到有攻克的资源，他们更有可能产生积极的感受。这让他们以开放的心态面对新想法和反馈，变得更加轻松和精力旺盛。如果学生害怕丢面子，会因知识不足而出丑，他们就会变得更加拘谨和自我保护，不愿意接受反馈，排斥冒险。

规模庞大、无视个体、缺乏人情味、制度驱动的中学将学生成批地送上教育的传送带，似乎其设计的本意就是拒绝为孩子提供他们对学习有好感所需的个性化支持和鼓励。这就是为什么“教育之路”为学生配备了辅导员来做他们的代理父母、教练和导师。不过，与成年人的关系的重要性或许不及他们所受的同辈之间的影响：他们的朋友在做什么，以及学习是否被看作一件很酷的事情。这就是为什么好的学校通常像一个紧密的社群，学生之间相互鼓励，相互支持。

把人们拉回学习的最重要因素或许是，学习是一种既有回报又令人愉悦的体验：学习自身的回报，而非社会与经济上的回报。认知心理学家丹尼尔·威林厄姆（Daniel Willingham）在其著作《为什么学生不喜欢学校》（*Why Don't Students Like School?*）中说，努力让教学跟学生相关，有现实感，不会起太大作用。学生会识破这些表面化的设计。威林厄姆表示，使内容具有相关性的重要性，远不及学生是如何被邀请投入其中的，以及他们能对所学内容怎样。最具回报和最令人兴奋的学习，通常涉及那些远离学生日常生活体验，极大地拓展了他们的想象力的主题。这说明并非一定要跟他们的日常生活有相关性。学习要能激发学生学，需要对学生有意义。学生需要看到他们学习的内容在哪里跟他们的已知领域发生关系及其意义是什么。学习需要激发人的好奇心，不过也需要帮助人们在其不熟悉的领域安全探索前行。威林厄姆还说，如果老师的课杂乱无章，没有明确的目的，那他是否温和友善、品貌兼优，是否会讲笑话并不重要。“一个高明、有条理，但被四年级学生视为不怀好意的教师，课堂不会太有效；一个好玩、会讲故事的教师，如果教学组织得一团糟，也不会上出好课。有成效的教师具备这两类素质。他们能跟学生建立起一对一的联系，同时也能组织好学习材料，使其有趣且便于理解。”这样的理念正是我们其中的一个创新项目，由何琳·特文（Heleen Terwijn）在荷兰创办的IMC周末学校的核心。

特文是阿姆斯特丹大学的一位心理学家，她在研究该市南部苏里南地区居高不下的失业率和犯罪率时，发现了一个令她不解的现象。她遇到的年轻人都很悲观，士气低落，缺乏动力，四分之一的人有抑郁情绪。他们看上去对自己掌握未来的能力缺乏信心，看不到去似乎只能把他们带入死胡同的学校上学有何意义。然而，同样一批孩子在他们10岁的时候却是很投入的，兴致高昂，信心满满：他们相信一切皆有可能。特文想知道，究竟是什么在他们10到13岁的时候改变了他们，让这些孩子失去了气势。

问题的核心在于，荷兰的孩子在12岁的时候要参加一个考试，其结果决定他们会进入5类中学的哪一类。通常来说，只有在前两条学术轨道上的学生才能最终接受高等教育。要从一个轨道出来，进入另一个轨道，需要极强的动力。一旦这些聪明伶俐、精力充沛的孩子发现自己被划入了后两条学术轨道，世界就向他们关闭了大门。他们看不到学习的意义，也几乎没有人给他们鼓励。

特文想出了一个解决办法，需要对一个很老的做法——周日学校进行改造。欧洲的现代大规模教育系统可追溯到18、19世纪由教会创办的周日学校。特文决心创办一所不一样的周日学校：一个最贫困家庭的孩子可以学习短期专业课程的地方，教师由各领域富有激情的专业从业者来担任——医生、兽医、律师、广告经理、设计师等。特文想，如果学生能感受到这些专业人士身上的激情，视野被打开，看到学习与真实世界的联系，他们或许就有了学习的动力。

特文在1997年12月完成了她的大学研究，然后开始在一个信封的背面设计了她的第一所周末学校。她很幸运地通过一个朋友认识了罗伯·迪法立斯，一家贸易公司的总经理，他提供了创办第一所学校的经费。这所学校1998年开学，有

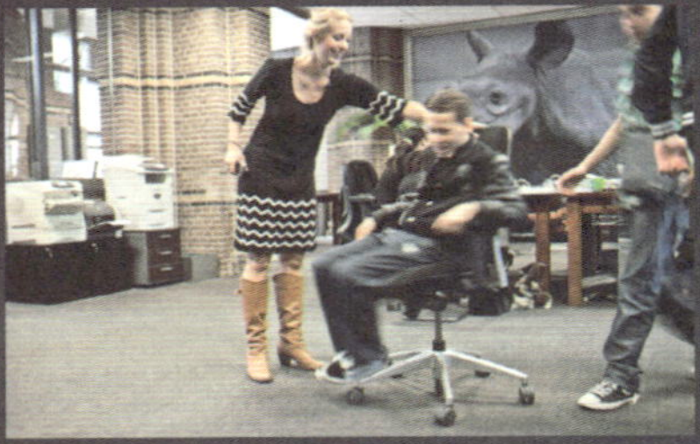

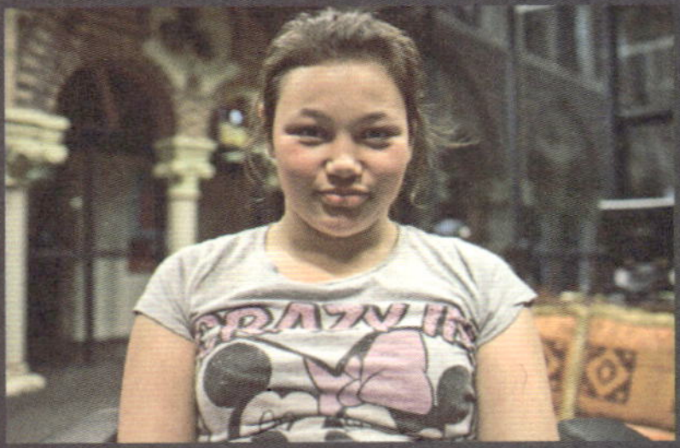

↑ 何琳·特文（左上），荷兰IMC周末学校集群的创始人，以及来周末学校上课的年轻人。在由广告、法律和医疗等领域的专业人士组成的导师的带领下，学生们通过合作和有创意的活动，接触到各种行业，学习动力得到增强。

30个学生。经过很长一段时间的反复试验，特文逐渐打磨出了她的模式。它是这样运行的：

每所周末学校在上学期间的每周日开放，学生来自中学教育中层次最低的学校，大约有100人，分别在3个年级。地点在从大学或公司借来的办公室和建筑里。每所学校有3个工作人员做课程计划，并分别照看各年级的学生。这些工作人员把嘉宾教师和志愿者教师组织起来，让他们给学生上课，并辅导学生在学校里的学习。特文说，关键在于让孩子能够在生活中探索自己的路径。但这说起来容易做起来难。“我讨厌那种认为把孩子带到音乐厅，孩子就会说‘哎呀！我永远都不会忘记，因为我突然爱上了古典音乐’的项目。我的意思是，说实在的，不是那么回事。我们的重点是孩子们如何创建他们的生活，我们如何帮助他们坚持下去。”

男孩在周末学校上完课后休息。周末学校旨在增强那些被分流到最底层学校的孩子的学习动力。

周末学校意欲在这些孩子接受的枯燥无味的日常教育菜谱上，添加一些激励人的香料。周末学校的设计是有趣的。它会牵涉到实际工作，通常会组织学生去拜访某个人的工作场所：到动物园去看动物管理员怎么工作，到法院去看法官如何工作。周末学校帮助孩子们打开了视野，就像一位担任嘉宾教师的广告经理梅勒·多汀嘉所说："如果你生活在这些孩子生活的地区，你不会遇到专业人士。你对你在这个世界上的可能性的认识就很局限。周末学校做的，就是帮助孩子们发现还有那么多的可能性。"特文说，相关评估显示，周末学校的学生对他们自己的生活比同龄人有更大的自主性和自控能力，因此，他们有更大可能坚持求学。

特文的想法得到了其他人的认同。特文花时间消除了她的模式中存在的所有纠结。当她决定扩张后，她花了两年时间找到了她的第二个赞助方，IBM。这给了她走近其他赞助商的信誉。如今有9所周末学校分布在荷兰的各个城市，还有大约30所学校模仿这种模式。和"教育之路"一样，周末学校也没有改变学校在教什么以及如何教：这两个项目带来的是动机的催化剂。它们像舷外发动机，为原有的系统增加推进的动力。

公共教育系统的一大优势在于，它可以命令孩子入学。因此，它不必担心推广、宣传和营销的问题。学校把门打开，孩子们必须去。公共教育系统的弱点正好是硬币的另一面：它几乎不会关注什么能让孩子有动力去学。很多孩子可能身在曹营心在汉。激发孩子学习动力的创新，其重要性就如同辣椒之于特辣咖喱。缺少了它，剩下的便索然无味。

1 阿姆斯特丹的周末学校。

第八章

组合：更多、更好，且不同

乌鸦从巴拉圭塞里托的旧金山农场学校的田地里飞过。

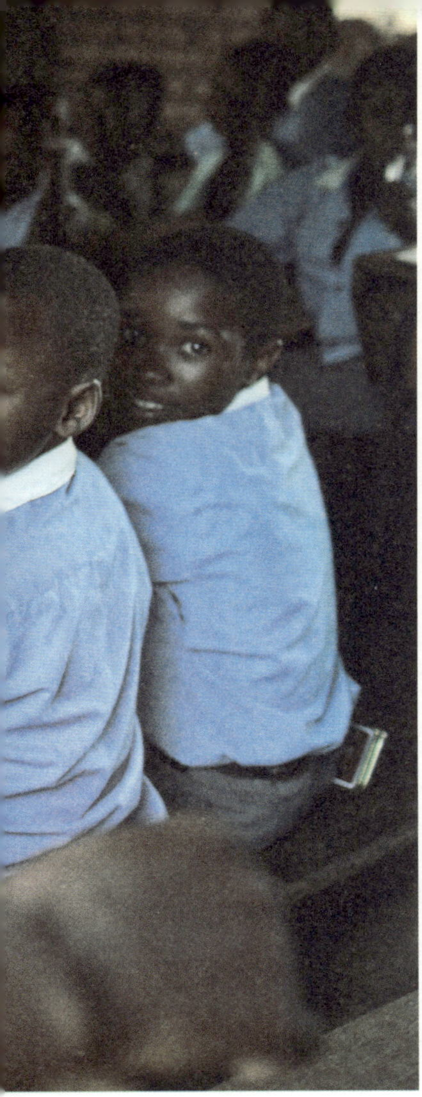

只有同时给予孩子令人兴奋、富有挑战和生动有趣的学习机会，提供均等的教育机会才算真的解决了问题。

过去10年，入学的孩子增加了那么多是一个了不起的成就：有男童，也有女童；有贫困儿童，也有中产家庭儿童；有偏远乡村的儿童，也有城市儿童；有说当地语言和土著语言的，也有说英语和西班牙语的；有新移民的孩子，也有长期居民的孩子；有在战乱地区长大的孩子，也有在相对和平的地方成长的孩子。正如我们看到的那样，即便实现入学机会的均等也需要创新，因为有太多不一样的障碍需要去攻克。

然而，让孩子进到学校还仅仅是第一步。如果最终他们几乎什么也没学到，上学不会对他们的生活带来什么影响。更糟糕的是，这样的经历会让他们把学习的大门完全关上。太多的孩子处于这样的境况。如果他们成排地坐在相对贫困的学校里，面对着未接受过良好培训，拿着低工资，管理不善、动力不足，一味地让他们在无法掌握的学业课程中死记硬背的老师，这样的可能性就尤其大了。在这种情况下，就不难理解随着入学率的增长，辍学率和不及格率也随之上升，孩子厌学，士气低落。人们对上学充满了希望，但上学的经历太多时候给我们的是失望。

这就是那么多创新先行者设计更有吸引力、更有合作性和参与性的学习方式的原因。其核心是“组合创新”，在扩大教育机会的同时，提高教育的品质，激发孩子的学习动力。更多标准化的教育不是解决之道，还需要更多更好的不一样的教育。

“教育之路”通过一整套激励学习的措施，让加拿大最贫困的城市贫民窟的孩子上了大学。该项目对学生采用了不同的激励方式，让学生取得了更好的成绩，并让更多人完成了学业。“女童”项目在印度以类似的方式为女童提供支持，确保她们对自己拥有信心。撒哈拉以南非洲教师教育在线网络通过对教师进行培训，让更多的非洲孩子能够入学。它还鼓励教师使用更加具有互动性的教学方式，让学生成为积极的参与者。撒哈拉以南非洲教师教育在线网络因创设了不一样的教学方式而带来了更多更好的教育。“新学校”也在做同样的事情：通过采用别样的基于合作与自主进度的教学法，让更多孩子进入了更好的农村学校学习。巴拉圭基金会的农场学校采用了一个完全不同的模式——经济上自给自足的学校——让更多农村地区的贫困孩子获得了更好的教育。克里斯多・雷伊在美国采用了类似的做法。多哈的萨法拉中心告诉世人，只要学校创设了高度个性化的课程，为残疾儿童提供均等的教育机会是有可能的。印度的“墙洞”通过电脑游戏为孩子们提供教育，还为他们带来了更加欢乐的体验。

这些项目给我们的启示是，要让更多的孩子以对他们来说更好的方式学习，教育必须变得不一样。扩大教育机会需要与改变孩子如何学、学什么以及为什么学的创新联手。我们的创新先行者之所以产生了重大的影响，正是因为他们开创了同时带来更多、更好和与众不同的教育的路径。现在，让我们更加近距离地看看这些创新是从哪里来的，怎么发展起来的，以及如何规模化的。

ESTE
SUL...

第九章

来自边缘的灵感

大多数激进的创新都是从边缘开始的。学徒项目推动的基于社区的学习是从一个公共艺术项目开始的，该项目起初是为了改造这个曾经常有贩毒者出没的广场和小巷。

在靠近世界上最暴力的城市之一的中心，一个主要被贩毒者光顾的小巷，不太可能成为正在推动世界上最大、增长最快的经济体之一的变革的教育创新起源地。然而，那个地方恰恰是学徒项目诞生的地方：巴西圣保罗的一个市中心地区维拉·马达来纳。

20世纪90年代，圣保罗是出了名的贩毒、绑架和暗杀频发之地，以致到了90年代末，很多居民都不敢出门，不敢在路上说话，不敢坐在公园里，不敢看电影。人们忙着在家的四周建筑高墙，安装防盗门，在心理上，如果不完全是身体上的话，把自己围挡起来。

1997年，在维拉·马达来纳，一个嵌在圣保罗时尚的市中区与大贫民区中间的地方，一群新闻工作者和建筑师决定不再坐视不管。他们想为日常生活收复公共空间。他们最初想采取行动的一个地方就是只有贩毒者和他们的顾客才会出没的一条小巷及其邻接的广场。他们使用的工具就是孩子和壁画。在几天的时间内，圣保罗著名的街头艺术家跟来自贫民区和附近中产阶级地区的孩子一起，将这条小巷改造成了一个室外画廊。之后，这条小巷经历了好几次的重绘，但从来没有遭到过人为破坏。白天，这里安静得就像教堂的中殿。对于“学徒”来说，它有着特殊的意义。

“学徒”诞生在一条小巷上。墙上的壁画经过多次重绘，但从没有被人为破坏过。

小巷的壁画帮助他们启动了一个持续的大胆的计划，向人们揭示社区可以成为一个跟学校同样重要的孩子学习的地方。在“壁画”项目快结束的时候，团队成员意识到孩子们不愿意离开，他们还想要更多。他们在不经意间想到，校外的社区活动也能帮助孩子学习。“学徒”的目标既不是绘制墙画，也不是改造公共空间，而是动员社区帮助孩子学习。创始人吉尔伯托·代门斯坦（Gilberto Dimenstein）说：“教育的艺术是如此复杂和重要，因此无法将其活动仅局限在学校范围内。”

“学徒”刚刚开始的时候，《圣保罗报》的著名记者代门斯坦正好刚从美国出差回来，互联网对人们沟通方式的改变令他非常兴奋。他发起了一个将精英的班代兰蒂斯学校与附近的3所公立学校建立联系的项目，因为他们的父母不让他们面对面，该项目通过网络把学生连在一起。从这个项目中他还得到了一个启发：通过让孩子们学习如何制作网站，他们还可以帮助巴西正在起步中的非营利组织。在网上把他们连在一起还激发了在现实生活中把他们聚在一起的火花。在圣保罗市市长的赞助下，创作100个墙画的计划将孩子们跟艺术家聚在一起，他们为全市的公共墙体创作壁画。后来，他们跟圣保罗的街头艺术家携手，最终造就了小巷里的街头艺术项目。正是在那个时候，团队才终于意识到，他们的主要目标是将社区变成一个学习中心。

简短地说这个长故事，小巷的试验发展成为巴西最有影响的创新型非营利组织之一。他们做的网站后来变成了学徒项目自己的网站，专门发布跟教育相关的新闻和信息。网站聘用了7名记者，每天有1万多的点击量。“学徒”将其社区艺术项目转变为“社会技术”——把社区创建成学习社区的一整套方法。“学徒”的经费来自可以用捐款抵税的巴西企业，“学徒”和社区一起将这些企业带进来，共同分析和理解社区的需求和能力、优势和劣势，目的是探索如何将广场、街巷、商店、公司、电影院、剧院、舞蹈工作室、公园、体育中心等地方为学习所用。领导学徒教育项目的海伦娜·辛格说："教育在这里是一个社区自我发展与自我管理的过程。如果我们只对人们谈学校和教育，没有多少人会参与进来，因为他们会认为这是教师的事情。但如果我们跟他们交谈，并聆听他们想让自己的社区与孩子获得什么，很多人就更愿意跟你说。"

"学徒"对其社会技术进行了打包梳理，让其他人也可以使用，影响力正逐渐扩大。包括里约热内卢在内的30个巴西城市的市长设立了学习街区与社区教师，社区教师受聘于学校、家长教师协会甚至相关公司，以推动社区里的学习。巴西联邦政府还设立了一个名为"教育无限（More Education）"的项目来推广学习街区，在一万多所学校开展社区项目。"学徒"已经培养了10700名使用其方法的教育工作者，现有工作人员100多名，目前运营着40多个项目，成为一个持续影响常规学校系统的创新源和新思想源。这一切都是从一个破旧的小巷开始的。

"学徒"初创时的看似不可能，并非独有的现象。"新学校"是从哥伦比亚处在缉毒战火中的最贫困的农村学校开始的。公民基金会的第一所学校建在卡拉奇最穷的贫民窟。马丁·伯特的自给自足农场学校运动是从世界上最偏远的内陆小国巴拉圭中部一所濒临倒闭的学校开始的。土耳其的母亲儿童教育项目诞生于一家快破产的土耳其纺织公司开的幼儿园。尼尔·图罗克和弗里茨·哈恩创办的非洲数学科学研究院在开普敦一个冲浪旅游地的一家建于20世纪30年代的破败宾馆里，离最近的大学还有数英里远。

艰苦的条件通常孕育着彻底的创新，因为缺少资源的创新者没有别的选择，只能抛弃传统的、成本相对较高的模式。源于意大利城市瑞吉欧·艾米莉亚，在全世界掀起了一场运动的以儿童为中心的著名儿童早教课程，正是诞生于二战之后意大利教育系统几近崩溃的混乱时期。类似的条件还带来了阿拉伯世界最有名的教育机构之一泰莫尔研究院（Tamer Institute），该机构诞生于1989年首次巴勒斯坦暴动时期，当时中小学和大学大面积关停，促使社会寻找各种办法弥补正规教育缺失所带来的损失。现任院长雷纳德·科柏回忆说："很多人志愿打开房门，为教育提供场所，教师会到清真寺或教堂继续给他的学生上课。"科柏说，在这些草根的反应中，出现了成立一个帮助人们获得应对周遭变故所需知识与技能的机构的想法。研究院的名字来自tamer，是一种用来把一棵海枣树的种子带到另一棵树去受精的容器。泰莫尔研究院的目的便是把知识从一个地方带到另一个地方，向年轻人播种。海枣被视为一种既有精神意义，又能让最穷的人买得起的水果：这正是泰莫尔研究院要努力通过教育复制的。泰莫尔的办法非常简单：创建社区图书馆，6—12岁的孩子每周来两次，看书或听故事。科柏说，该机构的主要工具是故事。泰莫尔聘用了大约40人来运作120个社区与学校图书馆，还有大量遍布约旦河西岸与加沙地带的合作者。泰莫尔的旗舰项目是全国阅读运动和"阅读护照"，2010—2011年参与的儿童达到了10万人。

我们每一个高影响力的创新者都是从一个特定的地点出发的，总的来说，这些地方都是边缘地带，艰苦、贫穷、资源不足，创新和临场发挥是唯一的出路。激进创新诞生在这些地方是有充足的理由的。既有的主流机构有强烈的倾向对其资产与资源进行再投资，以保护其既有的地位。已壮大和成功的机构有它们难以改变的路径，对其客户与工作有根深蒂固的理解。这也是这些成功机构倾

上：塔斯拉·伯特拉负责“学徒”的社区学习与艺术项目。

下：圣保罗市中心，穷人与富人比邻而居。“学徒”旨在为消除二者间的鸿沟搭建桥梁。

向于在它们已取得成功的地方进行再投资的原因。挑战根深叶茂的传统智慧的任务，充满了风险和潜在的冲突。这不是怯懦者能干的事。这些机构里的人安全行事是有道理的。威胁传统运作模式的激进创新风险太高，即便它会带来巨大回报，也难以考虑。这些因素通常使得大机构相对于小的初创机构来说更愿意规避风险。在教育官僚系统中，问题更加严重：公务员不愿意冒风险，而创新极少是升迁之道；教师及其工会往往抵制变革；家长对发生在其孩子教育上的风险也会很谨慎，这也可以理解；政客们担心失控。结果便是，主流教育系统倾向于规避风险，当变革到来时，它倾向通过由中心推动的不可阻挡的政策变革的方式。

正如克莱顿·克里斯坦森在他的研究“创新者的两难”中发现的那样，这就是为什么激进创新极少来自行业领袖。无一例外，激进创新来自新贵与局外人，通常从边缘市场开始，用简单、低成本的产品吸引新的顾客。这些新贵最初很容易被忽视，因为他们于主流之外起家，例如维拉·马达来纳的小巷，卡拉奇的贫民窟，哥伦比亚的小乡村学校，海德拉巴贫民窟的一台电脑，一所濒临倒闭的农村学校。创新也可能来自资源最好的新建学校，甚至大学的研究型院系，但更多的是资源匮乏、最没有可能的地方，这样创新者只能寻找新的解决办法。这只是我们重新思考创新是如何发生的一个原因。

对创新的常规描述，受20世纪将科学与技术运用于制造业的方式深深影响。创新故事的标志性人物就是托马斯·爱迪生，电灯与留声机的发明者，他至今还保持着美国个人专利数量最多的纪录。爱迪生后来建立了一家创新工厂，将技术的发明及新产品的转化过程系统化。这给人们以启发，创新的过程就像一个管道，从研究一端流向消费者一端，就像医药行业一样。用管道的方式看待创新便是，新的想法由一端在特殊地点的特殊的人设想出来：实验室里的研究员，工作室里的设计师。这些想法于是被注入物质产品中，生产出来并分发给等在另一端的消费者。在管道模式中，消费者对创新的作用非常有限。管道视角的隐含意义是，创新等同于研究与开发，其重点在于将科学与技术转化为有形的产品。创新被呈现为一系列的线性事件——从发明到最终的应用——在一个连接发明者与使用者的秩序井然的过程中。创新活动的主要衡量方式就是输入：对于研发的投入以及聘用的科学家的数量——和输出：科学论文和专利。

然而，管道模式对于解释创新如何在像教育这样的人口密集型服务业发生就没有太大帮助，这些领域的竞争很有限，政府扮演着重要的角色。大多数教育创新对新科技的牵涉，并不比关系着人们以新的方式合作的社会技术多。新科技极少单独产生创新。它取决于新科技是如何与消费者、商业、社会创新组合在一起的。例如，山地自行车的发明，牵涉的不仅仅是新的自行车，还包括各种附件、俱乐部、杂志以及由专业旅行社提供的新的骑行地点。山地自行车不仅仅是一项物质发明，它还帮助创立了一种生活方式。山地自行车的想法不是从自行车厂家实验室里的研究员那里来的，而是来自干劲十足的自行车越野骑行者，他们对自己的自行车感到很失望，希望能造出新的自行车。他们自己把这件事完成了，给自己造自行车，最终为山地自行车提供了模板。一些最有破坏性的创新源自消费者，然后从管道倒流回生产厂商。即便某个产品来自设计与研究机构，也通常是在消费者的帮助下诞生的。苹果公司也只是在不满的用户攻克手机软件以添加有用的应用之后，才为iPhone开发应用商店的。创新是具有高度合作性和互动性的，牵涉多方，需要大量的反复来回，不断地测试、迭代，尤其是与消费者的来回。换句话说，创新经常是一个混乱的过程。因此，不难想象，习惯于计划、命令与可预测性的教育管理部门，会发现自身跟创新如此格格不入。

创新无法像多米诺披萨那样被按时派送，但这并不意味着创新的过程不能被管理，通过有条理的组织可以让成功的创新更加可能发生。我们的高影响力创新者有一些共通的重要特征。通过对这些特征的理解，创新可以变得更加可管理，成功的可能性也能大大提高。

创新想法的国际性流动为灵感提供了一个丰富的来源。这些创新项目都不是地方性的，它们都得益于国际间的互动交流。有时候，这些国际连接体现在创始人的职业上。例如，土耳其母亲儿童教育项目的创始人之一赛芙达·贝克曼，她在伊斯坦布尔的美国学校上学，在那里遇到了她最好的朋友艾森·奥兹叶辛，后者最终通过其家族基金会成为该项目的主要投资人。贝克曼是在伦敦教育学院读完博士回到土耳其后才卷入母亲儿童教育项目的。母亲儿童教育项目本身也不是土耳其的创新：它受家庭互动项目（Home Interaction Programme）启发，该项目最早出现在以色列，后来推广到了好几个国家，2008年在澳大利亚落地。

马丁·伯特在亚松森就读美国学校，后来获得奖学金去美国读了大学。回国之后，因为他的家人上了黑名单，他在当时的独裁政权下找不到工作。伯特创办了巴拉圭基金会，这是拉丁美洲第一家推广微贷的机构。“新学校”的薇姬·科尔伯特，就读于波哥大的美国学校，后来到美国求学，回国后将她在美国接受到的新颖的教育思想用于实践。拉娜·达贾尼在美国深造的时候，她的孩子曾进入公共图书馆读书，她回到约旦后创立了“我们爱阅读”项目。萨法拉中心汇聚了来自世界各地的专家。每一个创新都对国际上的理念进行了重新解读，并将其运用在当地的背景下。“学徒”就是其中的一个典范。

“学徒”的国际连接远不止吉尔伯托·代门斯坦在美国的求学经历。“学徒”是在西班牙教育家塞萨·科尔（César Coll）的启发下，以巴塞罗那为中心的推广学习社区的国际运动的一支重要力量。科尔深受拉美哲学家保罗·弗莱雷

（Paulo Freire）的“解放教育学”和美国教育哲学家约翰·杜威的影响，杜威主张教育应该联合思想与行动。这两位哲学家还影响了薇姬·科尔伯特。杜威认为，当人们受启发去合作解决一个共同的问题时，思考与学习都获得了刺激。杜威对学校孤立地教授学科知识进行了批评，倡导一种基于真实世界情境的“建构性职业（constructive occupation）”的教育——学生被积极地卷入进来，好奇心被调动，兴趣得以保持。

杜威的思想于20世纪30年代在西班牙扎根，在佛朗哥独裁期间熄灭。当西班牙成为一个民主国家后，杜威的思想被重新点燃，成为科尔的运动的重要思想武器。几乎在同一时间，巴西教育家阿尼西欧·特谢拉（Anisio Teixeira）在纽约哥伦比亚大学求学，他也感受到了杜威的影响。50年代早期，特谢拉回到巴西，在巴伊亚州创办了卡内罗·里贝罗教育中心，也被称为“公园学校”。特谢拉的项目结合了“有教室的学校”，主要开展实验和实践活动，在中学开展“公园学校”。那时，巴西关于学习的讨论还受法国激进教育家、现代教育运动的创始人赛勒斯坦·弗雷内（Célestin Freinet）的影响。弗雷内在普罗旺斯的小学安装了一台印刷机，让他的学生印制自己的报纸。弗雷内认为，学生应该在制作产品和提供服务中学习，应该在合作、探究和不断试误中学习；教师应该聚焦学生的兴趣和天然好奇心，那是学习的起点；教师应该通过学生的真实体验（非抽象知识）让学习更加真实；应该让学生对自己的学习负责，并对学校这个大家共同的社群负责。“学徒”的学习街区就是效仿特谢拉的“公园学校”与科尔的学习社区。该项目将借鉴自法国、西班牙和美国的理念带入了全巴西的各个社区。

这些理念的国际性流动并非只是单向的，从北到南，从富到穷。流动可以逆转，创新项目可以从发展中国家流向发达国家的一个有力例证便是由耶稣会在美国发展起来的克里斯多·雷伊集群。

克里斯多·雷伊的使命是为贫民区有少数民族背景的孩子提供高品质的预科教育，让他们能够上一所好大学。很多为这些社区服务的公立学校不对这些孩子上大学抱希望。好的私立学校超出了依靠救济粮的家庭的承受能力。克里斯多·雷伊的创新核心在于，每个学生每月为当地一家雇主工作五六天。学校就像一家职业中介，确保学生会按时上工，同时他们干的工作能得到合适的报酬而没有被剥削。每周不工作的其余日子被安排为4个长时段的学习日，以弥补学生外出工作的时间。孩子们用赚来的钱负担学费。这些孩子不仅获得了一个好的教育机会，有更大的可能上大学，他们在工作中也可以学习。他们已经在这个过程中为自己打造了漂亮的简历：到他们申请大学的时候，他们应该至少跟有声望的雇主工作了3年。

将学校变成一个职业中介机构的想法来自教育之外，就像很多这类创新一样：耶稣会士们请管理咨询顾问瑞克·默里寻找一个能支撑学校的财务模式。默里回想起他在底特律就读的进步主义的罗珀尔学校，该校由德国难民乔治和安妮玛利亚·罗珀尔创办。罗珀尔夫妇希望为英才儿童创办一所学校，以此作为对纳粹暴行的回应。默里跟罗珀尔夫妇一起体验了3年他所声称的“绝对非凡的学习社区”。教育的其中一部分内容是“服务实习”，也被称为“社区值日”。默里做过助教、木匠、公共汽车监督员和股票经纪人。他意识到，一些最重要的学习不是发生在课堂上，而是发生在他工作的时候。默里的实习工作没有工资，但它是让克里斯多·雷伊学校通过学生有偿劳动解决办学经费问题的想法的来源。

1. 波士顿克里斯多·雷伊学校的一名教师。
2. 学生在为结业会操游行做准备。
3—7. 克里斯多·雷伊学校学生的生活场景。

不过，克里斯多·雷伊学校运动的灵感来自秘鲁。约翰·弗里神父在芝加哥创办第一所克里斯多·雷伊学校之前的30年都在秘鲁。弗里在那里遇到了杰夫·提尔曼，20世纪80年代中期他在秘鲁做了3年的志愿者教师。提尔曼在耶稣会的支持下在塔克纳成立了克里斯多·雷伊童工中心。提尔曼回美国后，弗里接管了这个中心。该中心为童工提供了一个健康中心，一个法律援助中心，一所有8间教室、餐厅、图书馆、小教堂和4间技术培训室的学校。从成立以来，该中心已经帮助了约6000名童工。正是弗里在中心的工作吸引了芝加哥身处高位的耶稣会士的注意，他们正在找人创办一所打破常规的贫民区学校。弗里接手这项工作后便邀请提尔曼做克里斯多·雷伊学校集群的创始主任。提尔曼如今是波士顿克里斯多·雷伊学校的校长。

弗里和提尔曼在秘鲁的共同经历给了他们如何在艰苦的环境下创新的洞见，这是他们在美国得不到的。童工中心无法要求儿童不工作，因为塔克纳街头的孩子必须工作才能让自己有饭吃。中心为他们提供教育时必须充分考虑他们还要工作。弗里和提尔曼回到美国后，把他们在秘鲁的理念颠倒过来：他们为上学的孩子找到了一个可以一边上学一边工作的办法。相同的要素——工作和学习——有了不同的组合方式。塔克纳童工中心的隔壁也是一所学校，是耶稣会牧师玛利亚·维尔拉兹于20世纪60年代在委内瑞拉创办的“信仰与快乐”运动下的一所学校。“信仰与快乐”是一场为贫穷儿童提供小学和中学教育的运动，已在整个拉丁美洲创办了1.2万所学校，服务于100万名学生。“信仰与快乐”的其中一个口号是：“我们的使命始于路的尽头”。他们关注非常贫困的儿童，在没有学校的地方建学校。“信仰与快乐”如此专注与鲜明地推动一场大众运动，其使命及决心直接激励了如今已发展到24所学校的克里斯多·雷伊学校集群。来自克里斯多·雷伊的团队曾拜访“信仰与快乐”，向他们的项目学习。

克里斯多·雷伊是从芝加哥市中心的皮尔森开始的，这是一个很特别的地方。但它带给皮尔森的思想却来自很多地方，包括德国、秘鲁和委内瑞拉。我们的创新者扮演着桥梁的角色，他们在服务的社区把各种思想融汇、连接起来，并使之扎根。他们耐心地跟社区合作，理解他们的需求，调动他们的资源。他们之所以要赢得当地的支持，是因为他们需要社区的资源与支持。“重写未来”是一项全球性的运动，然而根据托弗·王所说，正是因为它让社区对教育有了主人翁意识，它才能成功运作。“如果人们感到他们拥有这所学校，这是他们的学校，他们就会保护它，关照它。”她说。苏伽特·米特拉的“墙洞”项目之所以能成功，是因为它满足了不同社区对电脑使用的不同要求。诺曼·罗文和卡洛琳·埃克尔在对摄政公园人们的需求得出任何结论之前，用了数小时的时间聆听。然而，这些创新者都是海纳百川的，不受地域的局限。他们视野广阔，心存好奇，把数千里之外的思想带到这些地方来。

对于这些思想来自何处，我们的创新者也不会在意。创新者都是根深蒂固的拿来主义者。获得一个新想法的最好方式便是将两个已有想法混合，创设一个新的组合方式。通常，这意味着对旧有的想法进行重新梳理，而不是白手起家做发明。荷兰的周末学校便是对宗教的周日学校的世俗化改造。在拉美，农场学校一点也不新鲜，马丁·伯特只是在一个老模式上加入了新的变化。非洲数学科学研究院高度合作化、互动性、基于项目的学习方式，受克里斯·恩格尔布雷奇的物理学校启发，那是一个从20世纪70年代开始，每年把一个国际性的研究团队带到开普敦，围绕他们自己当前的研究兴趣进行为期3周的教学的项目。创新者非常擅长把已有的想法进行重新混合，让它们变得更有力量，更有价值。他们不担心钻到过去去淘那些被抛弃的想法。一些最优秀的创新者能将非常老和非常新的想法有力地整合到一起。

在另一个意义上，我们的创新先锋也是混合者：他们将原则与实践相结合。他们工作背后的原理通常来自关于学习的独立学术思考，这也显示了严肃学术研究作为一个创新来源的重要性。母亲儿童教育项目成立之初便是一个学术研究项目。苏伽特·米特拉的“墙洞”实验始于一个学术研究问题：儿童能否用电脑自学。荷兰IMC周末学校源自何琳·特文对阿姆斯特丹苏里南社区抑郁现象的研究。但高位的探究之心需要跟让思想落地的精神相结合。母亲儿童教育项目在学术和银行总经理艾拉·高克赛尔的商业与管理力量相结合的时候起步。卡洛琳·埃克尔关于摄政公园令人激动的愿景，也是在诺曼·罗文耐心地设计出后来成为“教育之路”的详细计划后才得到具体化。薇姬·科尔伯特关于“新学校”的想法，是她在跟当地有类似设计经验的农村教师一起合作后才具体成型的。创新和创业极少来自单独的个人。它们几乎总少不了将不同技能组合在一起，把想法变成模型，然后是规模化的团队合作。

我们的创新先锋是有原则的实用主义者。他们大多数来自教育体制的外围。事实上，我们的创新者一再面临着对教育最了解的人的最大怀疑。

对于这些新的有风险的事业来说，与来自教育外围的独立思想与洞见同等重要的是独立的财务。只有薇姬·科尔伯特在哥伦比亚初创项目时依赖于教育部门提供的经费，即便那是在农村偏远地区。麻省理工学院的开放课程项目和撒哈拉以南非洲教师教育项目的早期经费依赖于它们强大的机构的支持。然而，大多数其他项目依赖于独立基金会提供资金。“教育之路”早期是由一系列独立基金会支持的。克里斯多·雷伊最初由天主教会和各种基金会提供资金，后来集群化发展依靠的是比尔和梅琳达·盖茨基金会以及卡森基金会。公民基金会的经费主要来自国内外的巴基斯坦人。马丁·伯特开始接手农场学校时能使用他来自巴拉圭基金会微贷项目的利润。基金会在创新项目的早期阶段发挥了非常重要的作用，为那些有很大的潜力，但却不会获得太愚笨、太官僚、太过于规避风险的教育部门支持的项目提供资金。

我们的创新先行者都是耐心而有毅力的问题解决者。他们根据满足某一明确需求、简单而有说服力的想法设计项目。即便牵涉对新科技的使用，这些项目也并不需要高深的知识。它们的诉求可以用一句话简单概括：母亲能被训练成教育者（母亲儿童教育项目）；一个街区能变成一所学校（“学徒”）；孩子能边工作边学习，并在这个过程中负担学费（克里斯多·雷伊和巴拉圭基金会）；学生在没有老师的情况下也能学习，只要他们有一本好的指导手册（“新学校”），一个电脑课程（“墙洞”）或视频讲座（麻省理工学院开放课程）。然而，将这些简单的想法变成有实效的项目，通常需要耐心与决心，这是一个漫长的过程。对于“新学校”的薇姬·科尔伯特，母亲儿童教育项目的赛芙达·贝克曼而言，这个过程花了25年。变革真是慢得令人沮丧。

创新的源泉来自很多地方，创新的形式也多种多样。本书呈现的创新只是我们所需要的创新的一小部分。我们的创新者并不拥有所有的答案。在正规教育系统内部还有很多我们的样本没有体现出的创新。政策制定者通过创设新的投资模式和激励机制，比如教育券和有条件的现金支付，为创办新的学校开辟了道路。教育从业者在进行教学方式的创新，比如用拼读法进行读写基础教育。技术公司在制造课堂上使用的新软件和新工具。这些在体系之内，旨在维持与改善现有模式的创新作用不应被低估。然而，我们的创新者向世人揭示了教育里的激进创新在哪里：那些创设了新的教育模式，能够大规模地运行，能够帮助那些最贫困、最偏远、通常是传统体制最亏欠的人的创新。

这些教育创新先锋给我们提供了很多经验，告诉我们创新如何产生，以及为了让更多创新产生我们需要做什么：

- 对创新的找寻不应该局限于主流教育系统。最激进的创新可能来自最不可能发生创新、最边缘的地方。

- 国际间的思想流动与交流能极大地助力创新，特别是如果这些思想能被致力于在具体环境下运用它们的人所采用。我们的创新先行者在思想上海纳百川，同时又扎根于他们服务的社区。在需要创新的社区与能激发创新的国际思想流动之间搭建起桥梁，会带来很大的红利。对学习和儿童发展的独立学术研究是一些创新项目的灵感来源。学术界是新思想和基础理念的一个重要来源。不过，学术思想需要与实际的项目、与人联合起来才能转化为行动。投资有希望的学术研究，并将这些项目跟实际问题的解决连接起来，会产生更多的创新。

- 如果不仅从教育界内部，还从外部吸引人才，创新项目会更加成功，且不惧怕以挑战的姿态面对体制。

开普敦一所“闪耀”项目学校。

对激进教育创新的投资极少来自教育管理部门。如果能将更多的资金投入项目的早期阶段，或明智地投入最有前景的项目中，将会有更多的创新出现。

发起这些项目的先行者是混合者：他们混合原理与实用主义，旧与新，世界性与社区性。他们通常是耐心和坚韧的问题解决者，但对改变根深蒂固的体制所需要的漫长时间深感挫败。他们必须雄心壮志、自信满满才能战胜怀疑者和质疑者，在需要的时候还要能谦逊地借鉴和倾听他人。尤其重要的是，他们需要坚持不懈，而且有使命感，这样才能经受一个漫长的起起伏伏的过程。他们对教育抱有坚定的态度，但又不把自己视为教育工作者。他们是创造性的叛逆者。他们中极少可以被视为年轻。年龄在创新者的构成因素中完全无关紧要。大多数创新者可以被称为“灰发”革命者。他们不像Facebook（脸书）和Google（谷歌）的雇员那样穿连帽衫和人字拖，不坐豆袋椅，不玩乐高。他们为一项共同的事业把具有不同才能的人感召到一起。创建团队的人通常是非常与众不同的人。

他们还有一个共同的特征。就像头发已白的弗里茨·哈恩所说：“当尼尔·图罗克说出他的想法时，很多人说，‘好想法，但肯定成不了’。当我听见后，我说，‘好想法，我们得让它成’。不过，我是一个有点疯狂的人。”说这话时，他瞪着发亮的双眼，脸上露出顽皮的微笑。巴勒斯坦Al-Nayzak项目的创始人阿雷弗·侯赛尼也是同一类人。侯赛尼辞去了英特尔收入颇高的工程师工作，去创办一个鼓励孩子以更加具有想象力和更加开放的方式学习科学的非营利机构。该机构举办年度巴勒斯坦科技节，每年吸引2500名小发明家展示他们的成果，竞争研究基金。侯赛尼一开始就像一个游走的推销员，从一所学校到另一所学校，用不同寻常的方法教孩子物理。“我就像背着大袋子的圣诞老人，你知道，在学校之间游走，真是疯了，疯了。”侯赛尼说。数千英里之外，在卡拉奇的公民基金会总部，穆什塔克·恰普拉说了几乎完全一样的话：“我们一开始的目标是创办1000所学校。人们说我们疯了。但如果你不疯，你就无法在巴基斯坦做事情。谢天谢地我们有这样的疯狂，到目前为止我们已经创办了730所学校。”

激进创新诞生在最不可能发生创新的地方。它还来自那些可能看上去有些疯狂的人，尤其在那些从小被教育以传统和保守的方式行事的人看来。激进创新者需要忍受被那些声称知道得更多的人视为疯子。教育需要更多这样的人带来更多的创新。不过，产生创新，创设一个有前景的模型或试验还只是第一步。让我们的先行者真正受人瞩目的是，他们让自己的想法实现了规模化，有的甚至惠及数百万人。下一章将揭示他们取得如此成就的不同寻常之路。

第十章

我们是一场运动

安曼的一个清真寺，“我们爱阅读”的活动快结束时，小女孩们呼喊着要图书。

在靠近约旦首都安曼市中心的阿尔－拉比亚街区的一个街角上，人们从巴拉尔－瓦里代恩清真寺的首层祈祷室里涌出来。在清真寺的侧门，有明显的标志显示下一层正有不同寻常的事情发生：门口放了一大堆小孩的鞋子。沿着楼梯向下，在一个大敞间的一角，大约30名孩子，大多数为5到8岁的女孩，正围在一位坐在椅子上的女子周围。孩子们的母亲沿着墙边或在地上伸直腿坐着。每个人都把注意力集中在这个女子身上，看她会做什么。她从旁边一个色彩鲜艳的包里拿出一个玩具西瓜，描述了她即将给大家读的一个故事。孩子们坐在下面听得入迷。随后，她分发了指偶玩具，领大家一起唱了一首关于鸟的歌曲。一名8岁的女孩被选中给大家读故事。然后这个历时1小时的活动的高潮到了：孩子们被邀请上来从阅读人带来的60本书中选出一本带回家。场面一下子混乱了。大家冲上前想排在队伍的最前面。有的孩子对自己想要哪本书特别坚决，直接插队跟这位阅读人协商。孩子们知道这些书，知道它们的作者甚至插图师的名字。母亲们在帮助阅读人发完书后，留下来有说有笑地闲聊起来，还相互分享海枣、薄饼和咖啡。这是女人的空间，但同时也是阅读、书籍和想象力的空间。

这个小群体是由一个叫罗拉·阿布戴尔·哈蒂的安曼母亲组织的，她在广播里听到了这个在清真寺培训母亲做阅读领读的“我们爱阅读”计划后，便报名参加了。在接受了2天的培训后，她通过口耳相传和在当地公园发传单的方式，召集到了她的第一批母亲。这个小组很快达到了人数的上限。“我们爱阅读”培训她把戏剧、情感和表达融入她的故事中。效果很不错，坐在后面的一个母亲说：“给我们朗读故事的这位女子在清真寺营造了一个特别的环境。孩子们每天、每小时都迫不及待地想参加阅读活动，因为他们能把书带回家自己读。”

巴拉尔－瓦里代恩清真寺的这个小组，是约旦方兴未艾的一个新的独立快乐阅读文化运动的一部分，该运动或许迟早会推广到全中东。“我们爱阅读”运动的发起人是一个非凡的女子——拉娜·达贾尼。

达贾尼是约旦人，但她在美国成长，是4个孩子的母亲，在爱荷华大学获分子生物学博士学位。“我所有的时间都在实验室做小白鼠的实验，而我的4个孩子整天都待在公共图书馆。”达贾尼说。他们很享受这种快乐阅读的文化。然而，当全家人回到安曼后，他们发现很难再把这个习惯坚持下去。图书馆很少，那些允许孩子进入的图书馆也不热衷于把书借给他们。于是，作为一个勤勉的母亲，达贾尼开始买书给她的孩子读。不过，其他孩子没有同样的机会让她心里充满了负罪感，于是她决定为社会作更大的贡献。达贾尼请求当地清真寺让她成立一个小组，每月为当地的孩子读两次书。在2006年2月一个星期五的祷告时间，达贾尼第一次宣布了她的活动消息。虽然有些慢，但达贾尼却行动起来了。

3年间她都一个人单干。她会穿有趣的服装，戴一顶特殊的帽子，给孩子们读两三本书，并在活动结束后把其他书分发下去。她的家也被誉为“讲故事的人之家”。后来，她做的事终于被纽约一家领先的非营利组织关注到了，2009年她获得了阿拉伯世界社会创新奖。有了这个荣誉，达贾尼获得了能够让她采取下一步行动，把她的个人项目变成一个机构——“我们爱阅读”——所需要的资金和社会知名度。“许多伟大创新来自个人，但他们却未能发展到下一步，成为非营利组织，因为他们迷失了。就像我，如果我没有获得这个奖，我可能仍然在我的社区给孩子们读书，但它就不会得到推广，要不就会花更长的时间。”她说。

1. 夕阳下的安曼。
2. “我们爱阅读”的创始人拉娜·达贾尼跟一个阅读小组在安曼的清真寺。
3—5. “我们爱阅读”活动场景。
6. “我们爱阅读”的一个小组，孩子们专注的神情。

“我们爱阅读”目前仍然是一个尚在发展的机构，除了达贾尼之外只有一名全职工作者，而达贾尼还继续在哈希姆大学任分子生物学教授。机构还有一些兼职人员和大量的志愿者。“我们爱阅读”对母亲进行培训，使她们能够在当地的清真寺为4—10岁的孩子组建自己的阅读小组。巴勒斯坦的艺术家丹尼斯·阿萨德培训母亲们讲故事的技巧，她们只需花很少的钱。她们会获得一个组建小组的工具箱，包括每周一套让孩子们带回家读的30本不同的书。这个工具箱能让这个小组持续开展6个月的活动，到那时她们可以招募更多的孩子来使用同一批书，或买更多的书来维持原来的小组。“它们是孩子们的书。”达贾尼说，“所以母亲不需要大学学历就能读给他们听。她们完全有这个能力。”“我们爱阅读”还处在早期发展阶段，但它已经培训了420人，组建了大约100个阅读小组，服务了约4000名孩子。不过，达贾尼希望把这个计划普及到全约旦甚至更多地方。她很有可能获得成功，因为“我们爱阅读”拥有成为高影响力创新项目的要素。

关键并不在于她是一个具有企业家精神和人格魅力的卓越领袖，也不在于她成立一个高度专业化的机构来推进她的想法。她需要一个好的机构，但并非一个符合麦肯锡咨询顾问要求的机构。“我们爱阅读”已经具备了由我们的先行者证明的实现规模化和高影响力最关键的五大要素。

首先，达贾尼开发了一个对母亲和儿童市场有强烈吸引力的简单有效的产品：手把手指导母亲在自己社区组建阅读小组的指南。达贾尼的培训方法简单、实用，可重复，也可信赖。

"我们爱阅读"项目使用过的一本书。

第二，她已经将一个源于她自己热情的个人项目转变为了一个机构，有维持它的基本体系：筹款、拨款申请撰写、实施培训项目等。这是实现规模化的第一步。

第三，"我们爱阅读"依赖于各种网络。很多机构，无论是商业机构还是社会机构，误将它们的增长——销售量、收入、利润、成员人数——视为成功。他们认为机构越大，就越成功。评估"我们爱阅读"成功与否，是看有多少孩子被它带入了阅读小组。要将更多的孩子带入阅读小组，需要把三大网络连接起来：资助人网络，它们是提供经费的；组织当地阅读小组的母亲；提供小组活动场所的清真寺。这是一个节俭的模式，因为它建立在自助的基础上，并利用清真寺已有的基础设施。达贾尼说："它们有空间，而且很安全，有地毯，有卫生间。我的意思是，非常完美。你不用自己建，只用到那里去坐就行。”高影响力创新项目实现规模化的方式通常是利用已有的网络和基础资源。

第四，参与项目的女性所做的远不止形成一个网络。她们已经开始在发起一场类似通过阅读带来社会变化的运动，即便这场运动开展起来不会吸引太多的注意力，也不会制造太多声势或形成对抗。“我们爱阅读”可以被重新命名为“母亲朗读运动”，其目的是带来长期的文化变革。

“我们爱阅读”并非提供一项服务，它需要一个复杂的供应链为之提供支持；它让成千上万当地女性具备一种能力，使她们能为自己做有创意的事情。“这不只是一个阅读项目，你在改变女性，你在给她独立做事的工具及信心，这不是一件兴师动众的事情，因为她在社区内就可以完成。”达贾尼说。

第五，机构需要层级，但运动需要缘由、共同的价值观、目标甚至敌人，将大家聚在一起，给予他们一个目的。这就是最后一个要素，也是达贾尼必须提供的：共同事业。对于达贾尼来说，阅读是手段，她的事业是让儿童在幼年就意识到，他们能够且应该自我思考。

“我们爱阅读”同时是好几件事情的合体。它是一种培训母亲组建阅读小组的方法，它是一个支持这种方法的机构，这个机构又是一个连接资助人、女性与清真寺的接线盒。更多女性的参与使之变得像一场阅读运动——在一个共同目标的指引下，打开儿童的想象力，让他们能独立思考。达贾尼要取得成功需要同时在这五大方面进行创新——方法、机构、网络、运动和目标。这是几乎所有其他创新项目产生重大影响的共同秘诀。

在《善的力量》（*Forces for Good*）一书中，莱斯利·克拉奇菲尔德（Leslie Crutchfield）和希瑟·麦克劳德·格兰特（Heather Mcleod Grant）探究了美国12个最成功的社会企业是如何获得高影响力的。他们发现，成功并非来自高超的管理能力，更好的组织甚至更多的资源，而来自这些机构围绕其共同目标调动更大范围的网络的能力。不是通过并驾齐驱地壮大自己的机构去获得高影响力，成功的机构在获得高影响力的同时维持了相对小的规模。它们使用的方法包括，不断动员成员，激励跟随者，鼓励模仿者，创建网络系统，播撒运动种子，影响政府决策，招募鼓吹者等。因此，只要发挥好社会运动与社会网络的杠杆作用，小规模机构也可以产生大影响。克拉奇菲尔德和麦克劳德·格兰特指出："成功的关键在于伟大的机构如何调动社会的每一个部门——政府、企业、非营利机构和公众——使之成为一支善的力量。换句话说，机构的伟大之处，更多地体现在其外部的工作，而非自身内部的运营……他们联合外部的力量，产生其独自无法实现的更大影响力。"

我们的高影响力创新者的路径，与克拉奇菲尔德和麦克劳德·格兰特在美国发现的路径是一致的。概括地说，他们认为自己不仅在创立机构，还在创立运动。这条路径有五大核心要素，每一条对于成功都是不可或缺的，而任何一条都无法单独确保成功。

服务与方法　如果没有生产出可以供人使用的有形产品，没有一种提高人们的生产力，帮助人们解决问题的产品或方法，就很难说是创新。我们的创新者

拉娜·达贾尼解释她为什么创办“我们爱读书”项目。

无一例外都创造出了可靠的、可复验的方法、过程、服务或工具，帮助人们更有成效地学习。这些方法就像机构的标志。“新学校”的标志就是它的学习指南，它让孩子能够进行自主和合作学习；撒哈拉以南非洲教师教育项目的标志就是其具有高度适应性的模块，各个国家的教师都可以使用该模块，掌握新的教学技能；麻省理工学院创设了一种全新的学习体验：通过授课视频及其相关材料，在网上学习课程。这些项目的核心都是成功满足一个明确需求的简单创新。这是它们的可信度的基础。

机构　如果依赖于具有人格魅力的教师、父母或企业家，创新极少能从初创发展起来。规模化的第一步就是创办一个机构，把一个通常植根于具体环境中的最初的创新成果，转变为一个可被运用于其他情境，可根据实际情况调适的产品。卡洛琳·埃克尔和诺曼·罗文把他们在当地精心打造的创新，转化为一个适用于全加拿大的教育之路项目。公民基金会有一个能非常高效地筹款和新建学校的机构。

网络　不过，这些机构的设计宗旨在于调动和利用现有的网络，而不是试

孟买南帕雷尔区一所复合学校，初中“女童”项目学业支持中心。

图全靠自己去提供。它们通过调动其他机构的资源，将自己的弱势（资源的缺乏）转变为优势。“女童”建立在两个基金会合作的基础上，并联合了众多非营利组织和数百所学校。撒哈拉以南非洲教师教育项目建立在连接英国开放大学与全非洲18个高等教育与继续教育机构的网络的基础上。它们通过与其他机构合作扩大了自身的影响力，而不是试图什么都自己做。

运动 我们的创新者一再告诉我们，他们领导的是一场运动，而不只是一个机构。他们想创建一个有着共同目标的大型社群。他们致力于激发跟随者，并欢迎模仿者。所有曾经参与过项目的人在这方面都发挥着重要作用。学校就像生产线：一批学生离开，另一批学生进来。在我们的创新者所创办的社群，参与者在离开项目很长时间之后还会为项目作贡献。非洲数学科学研究院就是这样放大其影响力的。尼尔·图罗克和弗里茨·哈恩希望打造一个非洲数学科学研究院中心集群，每年培养750名研究生。这些研究生将在他们各自的国家发挥重要作用，不仅施展他们的才华，还传播非洲数学科学研究院所倡导的文化。这些就是以推动运动为设计宗旨的机构。

事业 一场运动需要一项让人们献出忠心的事业。我们的创新者不仅要实干，还必须非常善于明确表达出具有号召力的道德使命。重写未来运动通过让政府蒙羞，敦促政府兑现他们对战乱地区孩子的承诺。公民基金会和克里斯多·雷伊的事业是把高品质的教育带给最贫穷的孩子。开放课程计划之所以能获得麻省理工学院学者的支持，是因为它跟这所大学分享知识的理念如此契合。萨法拉中心的使命是让所有儿童，包括身有残疾的儿童，都能获得不错的教育。

这并非新鲜事物。一些最成功的品牌，尤其是那些吸引年轻人的品牌，把其产品用价值观包装起来，让它们更加具有吸引力。耐克通过广告与市场推广，将其产品与个人意志力、决心和社会流动性联系起来，大获成功。苹果的产品很不错，但其吸引力很大程度上来自它的炫酷设计对其价值观的体现。

不过，创新者常常还得做好准备以走得更远：挑战正统，尤其是在其最脆

孟买柯里路一所公立学校里为小学生设立的学业支持中心。尽管主要招收女生，一小部分男生如果需要也允许加入，但不注册在“女童”项目内。

弱的地方进行挑战。苏伽特·米特拉的“墙洞”项目在传统教育体系崩溃，无法提供优秀师资的地方最有效果。在那些地方，他异于常规的自组织学习理念最有意义。教育创新者如果要获得成功，很快会发现他们会遭遇到对教育根深蒂固的成见。他们必须擅长与之战斗，为自己的方法组建一个支持联盟，同时争取到更多抛弃传统方法的皈依者。这也是为什么这些创新者尤其要以传统的标准证明他们提高了学生的学习效果：考试合格，修完学业，进入大学。他们采用了新颖的方法实现这些目标，还致力于提供一种更加丰富多彩、更有想象力的教育。它们通过取得传统标准的成功——让孩子取得好成绩——来捍卫自己，维持自身的合法性。

高影响力的社会创新只有拥有了一个能满足某个重要需求的有效、可靠的产品，才算迈出实质性的一步：学会阅读，为女童上学提供支持，在网上获得大量以前无法接触到的课程，让孩子上大学。为迈出实质性的一步，它们必须成立一个机构，以吸引复制其做法所需的资金，建立起自己的信誉，证明同样的方法能在不同的情境下起作用。此时，这些高影响力创新者并不倾向于壮大自身的机构，推出更多他们自己的项目。而是通过与其他机构合作，利用外部资源，动员支持者和跟随者来扩大其影响力。这是一条以可负担的成本实现高社会影响力的路径：充分利用其他机构的资源，将跟随者的承诺转变为志愿工作和社区的自助行动。实现这一切的前提条件是，项目表达出了明确的具有感召力的事业，使人们坚信并为之付出。我们的创新先行者创立的是运动，而不仅仅是机构。

不过，他们如何获得高影响力的故事还没有结束。最终能否锁定胜局，还在于当这些运动与官僚的、层级化的官方教育系统短兵相接时，会发生什么。

约旦安曼，“我们爱阅读”创始人拉娜·达贾尼的女儿的绘画。

YOUTHOF
Art by Swathi

第十一章

冲突：当运动遇到体制

印度西戈达瓦里地区比马斯瓦兰姆一所学校的近景。

薇姬·科尔伯特摊开手，无奈地耸耸肩说："没有政府的支持很难实现规模化，但和政府合作是一件非常困难的事情。"科尔伯特有些不太一样：尽管是在哥伦比亚的一个偏远地区，她仍是我们这群创新者中唯一在教育部门内部起步的。多年来，她成为游走在波哥大权力走廊里的一位老手。经验教会她，一定要对把创新交给政府格外小心："政府给你规模，但代价是质量。在一个官僚体系下，创新会逐渐消退。你将失去模式的保真度。一旦你把你的孩子、你的创新交给政府，你就无法预测会发生什么了。"

巴西"学徒"教育项目负责人海伦娜·辛格。

我们的很多创新者都对此有同感。马丁·伯特是这么说的："对教育投入更多不一定意味着有更多的学习发生，因为有很多钱会消失在官僚体系中。我们想影响政府的思维和政策，但我们不想要政府的钱，因为它会带来太多的限制。"穆什塔克·恰普拉在思考公民基金会的未来时也被同样的两难选择所困扰："巴基斯坦政府意识到了公民基金会的重要性，但我们不想被政府干预。一旦形成这个局面，就很困难了。我感到除非公民基金会能影响政府系统，否则大问题就得不到解决。我们给政府指出了往前走的路，但我们是公民基金会，我们不是政府。"

在创新者寻求把创新推广到他们创立的网络和运动之外的过程中，他们进退维谷：没有政府他们很难做成，但又发现跟政府合作异常困难。

政府对扩大大众教育规模起着至关重要的作用，其途径是：立法强制要求儿童入学，资助并建设学校，聘用并培训大量的教师，设立考试并监控学校质量。由社会企业家和宗教团队创立的教育系统由政府批准、控制和推广。在19世纪，创立教育系统是国家统一与现代化的一部分。

在19世纪30年代的英国，一位受过一定教育的人很容易就可以在他的客厅开办一所学校，吸引付费学生。未婚女子可以在她们的家里和花园开办家庭幼儿学校。大多数小学教育都未经批准。现代英国学校系统的前身是为普及《圣经》而教授阅读的主日学校。到19世纪中期，纽卡斯尔委员会发现上学已成为大多数英格兰年轻人的常规行为。1870年的《小学教育法案》把入学重新定义为强制性的，适于一定年龄的，由专业教师主导的基于学校的任务，目的是让学生掌握以基本的读写能力为核心的学科内容。大多数欧洲国家都走过相同的道路，普鲁士的军事成功与高管制下的学校系统二者之间的联系，带给各国的既有害怕，也有启发。到1900年，大多数西欧国家都建立起了小学义务教育制度（落后的比利时在1920年跟了上来）。欧洲的儿童入学率从1870年的25%上升到1990年的75%。

19世纪初的美国，儿童在教堂地下室、私人住所和只有一间屋的农村校舍接受教育。到1850年，美国的所有州都有由政府出资的小学教育，但儿童的入学率只有50%。到1900年美国所有州都规定小学是义务教育，14—17岁的孩子有10%上了高中。到了1980年，高中入学率达到90%，毕业率达到70%。学校变得更大、更复杂和更系统化。1930至1980年间，美国高中学校的数量几乎没有变化，但学生人数从59.2万增长到了274.3万。学生每年的在校时间从1900年的99天增加到了1958年的近160天。从1920年到1950年生均教育经费增长了2倍。

1850年，欧洲和美国的大多数教育都是由私人、志愿者和教会团体提供的，学校依赖于独立经费，管理较为松散。一个世纪之后，大多数孩子入读的是公立学校，是更加专门化、更加复杂和精细化的机构。教育于是变成由政府提供资金并管理。现代教育诞生于教堂地下室和私人住家里的创新项目。因政府调用经费使之规模化，教育于是变成了牵涉数百万儿童的大众活动。这条路最早出现在美国和欧洲，但如今被世界各国采用。数字说明了为什么会这样。

当公民基金会实现其在巴基斯坦创办1000所学校的目标时，那将是一项了不起的成就，但那也只占全国学校数量的0.5%。要覆盖数百万儿童，公民基金会可能必须跟政府合作，改变公共教育系统的运作方式。母亲儿童教育项目在土耳其覆盖了30万母亲，可谓一大壮举，但据艾拉·高克赛尔所说，要让土耳其政府认可他们的项目，必须覆盖2000万母亲。“新学校”的方法在1.7万所哥伦比亚小学使用，只是因为政府采纳了这个项目。越南政府最近命令所有农村小学使用“新学校”的方法，这将覆盖数百万学生。任何其他规模化的路径都需要花上数十年的时间。我们的创新者希望将他们的影响力最大化。这就是大多数人承认，他们不得不跟政府合作的原因。

政府是有理由对出现在公民社会中的创新项目感兴趣的：这些项目为每日忙于运作的系统提供了免费的研发。所有公共系统都需要注入新思想，以满足变化的需求，并利用新的技术，为各种问题找到更好的解决办法。决策者开始意识到政府系统需要把门打开。在美国，特许学校虽接受公共经费但却不受政府管理，虽然存在争议，但这为创设新的教育机会发挥了重大的作用（尽管只有四分之一取得了明显成功）。在英格兰，政府为家长与公司打开了创办和资助学校的大门。瑞典的父母可以从政府获得资金创办独立学校。Kunskapsskolan是世界上给人印象最深的学校集群之一，它提供了一套高度个性化但又非常系统化的学习方法，可以让学生自己设定学习目标，按自己的进度学习。它最早是由一个瑞典公司团队，教育外行人发起的。

学校系统的资源丰富，但往往缺乏提高其成效的新思想。社会创新者有很多想法，但却缺乏资源来使之规模化。双方都应该看到跟对方合作的意义。然而，现实情况是，他们经常发现双方处在矛盾中。

社会创新者抱怨政府系统行动缓慢，官僚主义，过于害怕风险。即便新的想法得到认可并被正式采纳，它们通常在实践中被消灭。教师经常充满敌意地对待有把他们的工作变得更复杂的威胁的创新。教师采用那些让他们更有效地做他们的传统工作的创新。这更好地解释了为什么曾有希望改变课堂教学的技术——收音机、电视、视频、电脑——被整合进了传统教学中。

教师对此有不同的说法。教师经常声称他们愿意采用创新的方法，但他们受集中化的课程、常规的评价和惩罚性的检查的束缚。印度的非营利教育机构布拉罕就是一个例证。该机构运作夏季学校，让有掉队危险的学生能赶上来。夏季学校取得了卓越的成绩，因为来自普通公立学校的教师采用了生动活泼、具有想象力的教学方法。然而，布拉罕与回到公立学校工作的同一批教师接触后发现，教师们抱怨他们无法以布拉罕的方式来进行教学，因为课程不允许他们这样做。不只是教师对待创新小心谨慎，家长们也不希望他们的孩子成为胡乱教育实验的牺牲品。

在他们的辩护中，负责有着数百万学生的庞大学校系统的决策者和官员抱怨说，他们需要能够信赖的被验证的想法。家长、官员和雇主都在呼吁更好的教育成绩，他们不能花时间去尝试可能很有趣，但却未经检验的想法。当本·莱文成为加拿大安大略省教育系统的最高政府官员后，他要对一个为200万儿童、5000所学校服务的系统负责。莱文想在整体上提高所有学校、所有儿童的成绩。他们没有时间可以浪费。他在《如何改变5000所学校》里向我们讲述了如何通过改进教学、加强学校领导的不懈努力来提高标准的故事，其中的焦点目标是：提高4000所小学的读写与算数成绩，提高800所高中的毕业率。莱文的战略成功了：读写及格率从54%上升到64%，毕业率增长了7%，达到75%。这种规模化的变革需要一个协同的战略，不能有随意性。对于像莱文这样的决策者来说，首要的任务是在系统现有的起点上实现增量提高。他们对创新并没有太大的兴趣，除非创新能明显地服务于这个目标。

很多系统范围内的变革战略来自多伦多大学安大略教育研究所迈克尔·富兰的思想。富兰在20世纪90年代末跟英国政府的读写与算数教育监管者迈克尔·巴伯爵士合作。巴伯和富兰建议将重点放在如何不断改进教学以达到少数可测量的目标。二人都强调提高整体的教学能力，提高教师改变的动力和意愿。不过，在实践中，处在改革最末端的人对这些策略的体验则是集权的、机械的，目标过于窄化。巴伯和富兰没有给地方预留发挥自主性的空间，而是用自上而下派发的表格来奖励服从。这些表格的设计看上去是要改变教师的行为，但又不想争取他们内心对变革的投入。正如富兰所说的那样："地方的决策者和学校不需要被赋权，他们需要被带入。大量的证据显示，分权不会带来改进。"

我们的创新者认为自己在动员社会运动，而这些决策者认为自己在以工程的方式建造新系统。正规系统与社会运动难以很好地融合在一起。薇娅·科尔伯特说，"新学校"在20世纪90年代被做"飘"了，因为没有办法确保他们的方法能够被学校以正确的方式实施。母亲儿童教育项目创立的时候是一个为期2年的项目，在推广的时候变成了一个为期25周的项目，被政府采用后则变成了一个为期14周的项目，由教师利用他们的空余时间来实施。"我们爱阅读"的创始人拉娜·达贾尼已经看到自下而上的有机的社会运动与自上而下的直接的体制化方式的矛盾。"如果政府愿意采用我们的模式并推广它，政府能非常容易地解决人

的问题……这很有效率和保障，如果政府来实施，我就不用到处去招募女性了。另一方面，或许真的需要通过别的方式来让人们参与进来。我不喜欢自上而下地推广项目，我喜欢自下而上的。我想这样做会在个人层面建立自信，同时建立起不依赖于政府的独立性。理论上讲，如果政府能采纳当然非常好，但从长远看，更难的路或许是更好的路，因为它是在培养一个个的人。”

没有一个创新者声称对这个两难问题有一个完整的解答，但很多人已经找到办法让政府与公民社会、体制与运动的关系处理得更好。

有的成为了一个大系统的服务**供应方**。他们解决了一个很难从内部攻克的问题。“教育之路”一直跟学校系统走在一起，为那些很难继续中学学业的孩子提供支持。“女童”项目在印度为女孩做着大体相同的事。“闪耀”项目在学校内部提供一套读写教育的支持模块，帮助孩子跟上学习进度。这些项目近似于一个更大产品的外部组件供应方。

在提供服务的同时，很多机构还**倡导**政府改变政策，引导关于教育的公共讨论。这种混合模式的代表就是印度的布拉罕。在为数百万处于风险中的儿童提供支持，确保他们继续学业的同时，布拉罕还发布了关于公办教育质量的很有影响的年度调查报告。布拉罕在提供服务的同时还致力于影响政府政策。它作为倡导者的角色建立在它作为富有成效的服务提供者的声誉基础上。将服务与倡导二者相结合的最强大的范例之一就是“重写未来”项目。它通过推广活动说服援助者追加4.5亿美元资金，用于给战乱地区的1000万儿童建设更好的学校。基于它在地面上提供服务的良好记录，它发出了倡导变革的有力声音。

第三条路是做**项目方**：像病毒一样渗透进体制，用一套新的运作系统对其进行改造。最佳范例就是“新学校”，它给拉丁美洲各地的学校提供了一套全新的操作指南。这个策略通常让创新者处于两难境地中：政府认可项目并对项目实施规模化，同时也把控制权从发起人手上拿走，让他们很难保证质量。

激发者（inspirers）通过确保它们的独立性而避免这样的两难。激发者提供一套原则供效仿者使用。他们不会努力让自己的机构壮大。多哈的萨法拉中心就是一个激发者：它创立了一个残疾儿童教育的典范，学习者遍布世界各地。我们的样本中令人印象最深的激发者是麻省理工学院。麻省理工学院将其课程免费放到网上的决定赢得了众多追随者，激发了一场世界范围的大学运动，创造了一种全新的知识传播途径。

其他项目与体制成为**伙伴**：它们利用体制的资源，但又保持半独立性。非洲数学科学研究院是好几所大学的联合项目，也是因为有来自世界各地的大学教授来这里授课，它才得以运转。学生来自非洲的大学，今后也将去其他大学。非洲数学科学研究院就像连接这些大学的接线盒。不过，巴里·格林主任很清楚，如果它成为大学的一部分，它就不存在了；它要维持其自身的自由流动与合作的文化，就需要保持独立性。公民基金会正在探索如何跟巴基斯坦政府合作，把数千所公立学校的运作接管下来。

最后一种路径是一群分离主义者采用的，他们希望在政府体系之外建立一个与之平行并且独立的学校基础设施系统。马丁·伯特想创办自给自足的农场学校，避免依赖于不可靠的政府经费。几年前人们或许很容易对分离主义者的想法不予理会，因为在政府体系之外创建大型的学校基础设施系统成本太高。但有两个发展趋势正在改变这一切。

第一个趋势是低成本信息技术与平台的普及，像YouTube和智能手机，正在为企业家创办新的大众学习平台提供机会。一个最好的例子就是可汗学院在YouTube上的爆炸式增长，已有2400多个教学视频，从数学到物理无所不教。可汗学院的视频课已经被观看过6900万次。未来的一个重大机遇便是创建大型数字学习平台，让人们能轻易地上传和下载，并为大型的师生社群提供支持。一些最大的多人电脑游戏支持数百万人的网络社群。没有理由不相信，类似的事情也会发生在教育领域。

第二个发展趋势是很多发展中国家低成本私立教育的激增，这些学校针对的是相对贫困的人口。由学者转型为企业家的詹姆斯·托勒对此做了深入研究并极力倡导。在发达国家，私立教育是富人的教育。在发展中国家，它越来越成为贫困家长逃离失效的公办教育的一条路径。比如，在拉各斯的马可可贫民区，托勒发现了32所未经批准的私立学校，它们深藏在大片的贫民区中，没有政府官员会去那里。托勒说，私立学校是花钱少的创新：它们不用给教师支付太高的工资；就开在当地的住所，用当地语言教，家长还为学校提供很多帮助。低成本私立学校以及校外私人辅导的增长，背后的主导因素来自人们对政府学校系统效能不佳感到不满，以及受过教育的年轻女性将教学视为一个职业机会。据牛津大学发展中国家教育专家吉塔·甘地·金顿估计，1993至2000年间印度小学入学人数的增长，96%来自破败不堪的私立学校。托勒跟那些将私立学校视为有害和不和谐因素的教育工作者有分歧。但只要官僚化和高度工会化的政府教育系统继续对改革无动于衷，无法满足家长对他们孩子的期望，私立教育就只可能继续壮大。

创新者在寻找与正规教育系统合作的各种路径。这是不容易的，但并非不可能。在政府系统与公民社会创新者之间，需要开辟出一个更加广阔、丰饶的交集地带。

事实上，政府系统的思想家在朝这个方向思考，他们意识到创新通常不单是一个再造工程的事，还要为变革结成同盟和联盟。

本·莱文说，增强教师的动机，努力在他们的内心激发出道德目标和自信，是安大略教育改进策略的核心。学校需要在社区、家长和企业界调动资源，寻求帮助。简单地说，莱文认为，学校系统的改进取决于如何领导一个由官员、家长、教师和学生组成的协同变革联盟。迈克尔·富兰强调教师被事业心点燃并相互合作的重要性，认为这不啻一场运动："你投入了多少钱并不重要。除非教师到位了，否则你得不到成绩。"迈克尔·巴伯爵士最近说，最好的学校系统更多地依赖于一种从内部产生的自我驱动与不断改进的文化，而不是从上往下推动的。托尼·布莱克和他的同事在对芝加哥100所有改进的学校和100所停滞不前的学校的差别进行研究后，得出了大致相同的结论。改进的学校采取"学生中心"的学习方式，学校的领导将其职责视为鼓励专业教师把重点放在如何提高成绩上，且同时加强学校、家庭与地方社区的紧密联系。成功的学校就像地方运动一样。从长远来看，改进一个系统最好的方式就是将其视为一场正在形成的运动，一个由共同事业点燃的联盟。

从官方体制之外诞生的创新要想实现规模化，找到体制和运动之间的交集地带至关重要。在大多数发展中国家，政府能力有限，人们的需求太多、太急迫、太多样化，政府无法独自承担。它们需要一个强大的公民社会的创新部门跟它们合作，为其提供新的解决方式，填补鸿沟，与被排异者合作，采用新技术。未来的成功将取决于政府系统与社会运动的携手。开辟这样的交集地带将是成功的创新战略的核心。

第十二章

打开 通向无限可能之门

哥伦比亚卡皮拉贫民区，在每年被洪水和泥石流毁坏的房屋前看波哥大。

从巴基斯坦到巴拉圭，从波哥大到坎帕拉，在这段旅程中我们对教育创新的状况有了哪些了解？如何使之得以加强？对于这两个问题的回答，取决于对作为本书结论导引的另外三个问题的回答。

首先，对教育创新的需求有多大？

如今，在学校上学的孩子比以往任何时候都多，无论是偏远的乡村还是城市贫民区，学校所伸向的地方比任何时候都远。过去10年间，失学儿童的数量大幅下降。即便如此，仍存在着巨大的挑战：7200万儿童未入小学，其中很多在战乱地区。中学的入学情况更不均衡。攻克这些孩子入学的障碍——贫困、战乱、距离、歧视——需要有更多的投入以及更多的创新，为那些掉队的孩子提供加速的学习，为没有学校的社区里的孩子提供学习机会（或许是数字化的学习）；聘用更多女教师，让女孩更容易说服父母允许她们上学。“重写未来”项目必须采用很多这样的创新才能让1000万战乱地区的孩子有更好的学上。

然而，仅仅让更多的孩子入学还不够。很多孩子在学校注册了但却不去上。太多孩子虽然去上学但却没学到太多东西。他们掉队，辍学，在远未到达最后一个跨栏前便开始失败了。太多孩子入学的时候满怀希望，后来却发现自己在一个超大规模的教室里，只能死记硬背，老师日复一日地教授他们并不理解的内容，他们照着教师的提示集体唱出答案。对提高学习质量起决定作用的是更多训练有素、动力十足、管理得当，每天都能做好自己工作的教师。这意味着他们是对把学习变得生动活泼、快乐而有意义十分精通的专业工作者。这就是为什么像撒哈拉以南非洲教师教育在线网络这样的项目能发挥重要的作用，为在职教师提供了低成本的培训，使他们能开发出更加创新的教学方法。“新学校”的学习指南让原本可能乱作一团的复式农村学校，变成井然有序、进行创造性学习的地方。具有辅助功能的教育创新，为孩子提供了校外高质量学习的机会，也同样重要。那正是苏伽特・米特拉的“墙洞”计划为马丹吉尔贫民区的孩子所做的：他电脑中的学习游戏，为孩子们贫乏的学校教育提供补充。何琳・特文的周末学校为荷兰的孩子做了类似的事情：为他们的学校课程提供一个令人激动的周日补充。

所以，仅仅是为所有儿童提供更多高质量的学习机会，就需要更多的创新。但存在一个更加深层次的结构性问题：社会所需要的教育与我们的体制所提供的教育之间的错位越来越大。

在20世纪的大多数时间，在工业化国家，教育系统与社会之间似乎相得益彰。教育反映了劳动分工的需要，是一个由等级、学科、年级和考试组成的，在时间上被精心安排的系统。工作与教育意味着能够遵守指令，在正确的时间以正确的方式做出反应。那是被工厂模式的机构所主导的工厂时代的学校教育。然而，教育系统并非只服务于经济目的。可以理解，由国家实施的统一的教育

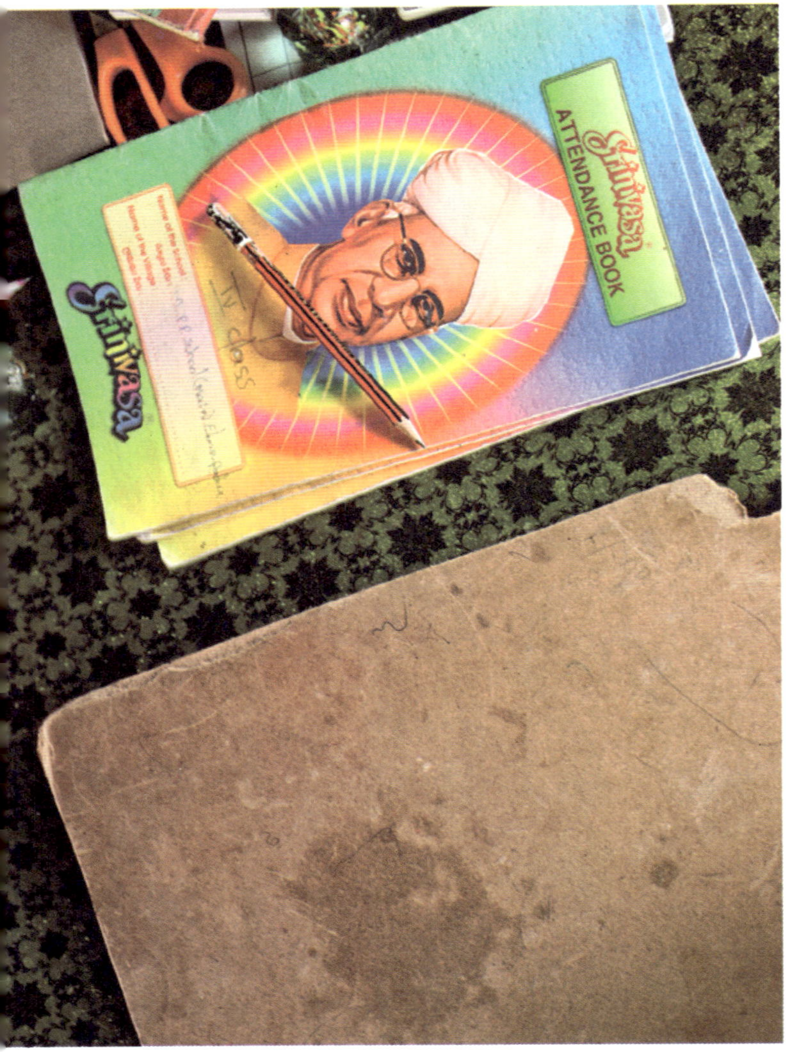

供给，是各国围绕共同的语言、知识、规则、考试、假日、仪式，比如上学放学等，将不同的民族团体联合起来的一种方式。在欧洲和美国，正规教育系统是一个将人们整合、同化为一种共同文化的重要的工具。19世纪和20世纪的工业化民族国家创立了它们获取成功所需要的教育系统。这些庞大的集体性的社会创新改变了人们的生活：在1850年的美国或英国，工人家庭的孩子上学上到16岁是不常见的，到1950年，这就很平常了。20世纪的大多数时间，似乎没有创新的需要，也几乎没有空间。

但这种状况在最近数十年间彻底改变了，而且变化还会在随后的数十年继续。

我们拥有的教学系统没有做好它们原本需要完成的工作：最明显的功能失灵的证据来自美国，对教育的巨大投入并未带来结果的改善。深层次的问题在于，我们所继承的教育系统越来越跟孩子们成年后要面对的世界相脱离。在现代经济中，取得成功所需要的技能虽然肯定包括对英语、数学、电脑和基础科学的掌握，但还需要批判性思维、创造性反应、合作的能力，以及企业家的行动力和对不同文化与观点的理解力。教育系统需要鼓励孩子成为主人翁而不只是接收者。为民族国家的融合而设计的教育系统，还在引导孩子做面对全球流动与互联的世界的准备。在为书本、报纸和百科全书时代而组织的课堂，上课的孩子已经在使用谷歌、维基百科和YouTube。我们所拥有的系统与所需要的系统之间的鸿沟，只会越来越大。

我们还发现自己处在一个很不一样的境况中，因为人们可以使用新的手段以新的方式学习，包括网络和社交媒体，智能手机和平板电脑，谷歌和浸没式电脑游戏。视频讲座可能会成为未来的教科书，社交网络可以给你提供同班同学，以学习指南方式设计的游戏可能会成为课程。这些不断发展的技术平台以较低的成本实现全球化的覆盖，为深度的个性化与合作化学习体验提供机会，孩子作为贡献者与创造者投入到学习中。

因此，我们能够预见，我们现在的教育，与它需要成为的样子以及它能够成为的样子，会出现越来越令人不悦的不相称。在20世纪的大多数时间，对创新既没有太多明显的需求，也没有太大的空间。在21世纪，创新的需求与空间都是巨大的。

随之而来的第二个问题是，教育系统自身能否源源不断地产生出关于学习的新的思想、方法、工具、教学技术及组织模式，去填补这个创新的鸿沟？这必然会引出需要什么样的创新，学生应该学什么以及怎么学的问题。关键不是需要多少创新，而是何为合适的创新，其设计要达到什么目标。对这些问题的重大讨论在这里不会有一个结论。不过，暂且抛开这些争论，关于教育系统擅长什么类型的创新，有几件事是清楚的。

全球的教育是一个巨大的产业，每年的营业额达到数万亿美元，在几乎全球范围内支撑着一个基础设施体系。各国教育系统聘用了数量庞大的经过训练的专业人员，这些一线的从业者使用着大学的学者与专家以及教师培训学院的知识积累。教育还有需要其产品的忠实消费者：即便最贫困、受教育最少的家长也会想方设法让自己的孩子接受基本的教育。没有多少行业能期待消费者有如此高的忠实度。全世界很多地方都能找到卓越和创新的教育实践，从数学教学方法，新型模式学校，到全新的教育系统，例如芬兰、加拿大安大略省和新加坡的教育系统。随着教育工作者、家长、决策者和官员对提高教育成绩的渴求的不断增长，国际间关于教育的好想法、最佳实践的交流与日俱增。新的玩家采用了新的学习技术，从苹果、谷歌到像开放大学和BBC这样更资深的创新者的产品。数字化、远程合作在线学习正在很多国家试验。学习者也没有等着，而是把主动权掌握在自己手上，将可汗学院、YouTube和方兴未艾的开放课程运动作为自己的学习指南。决策者也开始意识到加速创新的必要性，为教育的新来者敞开了门，让他们把新思想带进来，挑战时常自满的现有系统。在无数的学校和教室里，在网上和家里，人们每天都在设计新的更有效的学习方式，无需获得批准，也不求承认。如此，尚好。

不过，这些为创新所付出的重要的、集体的努力，大部分不过是为了从增量上对现有教育系统进行改进。而且，众所周知这些系统都很难改革。它们倾向于：规避风险，封闭内向，容易被生产方、教师及其工会主导；不情愿抛弃效果不佳的过时的方法。系统内部增量创新的广度和速度都不能弥合现有教育系统与我们所需教育系统之间的鸿沟，尤其不能满足经济快速增长的发展中国家——印度、巴基斯坦、巴西、南非和印度尼西亚——对学习激增的期待，这些地方无法承受让大批渴望有一个更好未来的年轻人失望。这些年轻人成长在一种产生高期待的文化中。

Wi-Fi和智能手机的普及带来了一个普遍的期待，即人们应该在任何地方与网络连接。在发展中国家，拥有一部移动电话是具有标志性的：一旦你有移动电话，你就不可忽视。Facebook和社交媒体所带来的期待是，你能够连接其他人，寻找朋友和合作者。维基百科与开放教育资源运动，正让我们产生知识应该对所有人开放的普遍期待。谷歌让我们产生的期待是，如果存在某个信息，那它就应该被找到。YouTube和带摄像头的移动电话让我们产生的期待是，如果发生了什么事情，我们就应该能够看到。Twitter[①]让我们产生的期待是，如果有件事正在发生，我们应该能够从离现场最近的人那里获得第一手的消息。博客、反馈服务

① Twitter是一家美国社交网络及微博客服务的网站，是全球互联网访问量最大的十个网站之一。

和集体评分让我们产生的期待是，能对任何体验给出我们的评价。网络和社交媒体正在形成一种公民"长尾"，人们围绕被期待能欣赏、分享和讨论的内容，形成了大量连接松散的小规模对话。所有教育系统，无论公立还是私立，都必须跟怀有这些关于他们该被如何对待的新期待的年轻人对抗。并非只有教育发现这是极具挑战性的。

印度过去的政治领导人的照片，体现了1947年印度独立之后，口头上（如果不是实际上）对教育的重视。

教育系统所缺乏而社会所需要的是推动更多激进创新的系统方法，以诞生更多超越和挑战传统学校教育的全新学习模式。这将意味着：新型的学校与教育机构，就像"新学校"和非洲数学科学研究院，能带来更多合作性与参与性的学习；学校跟社区合作，给学生带来更多激动人心的学习机会，就像"学徒"和周末学校；让人们通过传统教育体系之外的新学习平台，在非正规情境下，或许没有传统教师的帮助，使用像"墙洞"和开放课程这样的新技术。这些是我们在更大规模上所需要的变革的一些例子。

教育系统很难推动激进创新，部分原因在于这类创新通常来自主流之外。这至少是我们基于少量和不全面的案例得出的判断。要让这些判断更加经得起验证，提高人们的认识，达成对教育创新的需要的共识，还需要更多的研究。第一步可以把教育跟其他为人类基本需求服务——健康、水、能源、食物、沟通——的全球性产业进行对比，考察这些产业如何产生新的想法，如何选择出最有可为的想法并将之开发成产品，然后使之规模化。当然，其他产业有更多成熟的创新方式。零售业有先进的理解顾客、管理品牌的方法，高技术产业依赖于来自大学和由风险投资支持的初创企业的源源不断的新思想，医药公司对基础研究有大量的投入。相比之下，作为具有同等体量的全球产业，教育似乎缺少诞生新模式并使之规模化的系统的有效路径。当然，上学跟进超市并不一样：学习无法在货架上购买。不过，这并不意味着教育不能从这些对比中学习。

这就引出了我们的最后一个问题：以更有效的方式推动更加激进的教育创新，包括哪些要素？

对这个问题的充分回答需要另外写一本书，但我们认为以下要素是不可或缺的：

- 国际间的思想交流对于创新至关重要。增加这些交流的广度和深度，无论是面对面的还是线上的，都应该可以提高创新的速度。有越多的想法在交流，就有越多的连接在建立；有越多新的混合被建立，其中取得成功的就会越多。

在向最好的，通常也是资源最丰富的学校——比如弗吉尼亚州亚历山大的托马斯·杰斐逊科技高中——学习的同时，更多直接的投资需要投向针对发展中国家设计的，花钱少、规模大、简单有效的模式。激进创新总是来自给成本极低的创新项目以回报的边缘市场。

激进创新经常来自不受传统思维束缚的教育外来者。需要大批教育的外来创新者挑战正统，带来新的思想。这可以通过为新型学校比如特许学校的创办开辟道路来实现。但还有其他的有效路径。比如“为美国而教”，在全世界有大量的仿效者，它鼓励有才华的年轻人大学毕业后即从教数年。可借鉴这种模式：为有经验的创新者寻找攻克教育挑战的路径。

创新者是混合器。他们将思想和人混合在一起，产生新的配方。在高科技领域，大量的这类混合通过网络和人的聚集发生：最经典的例子就是硅谷，依赖于高密度社会网络的混合，以连接企业家、风险资本家和大学，以及像印度软件工程师这样的分散社群的全球性网络。不太可能看到一个单独的地方——教育界的硅谷——在全球教育行业中发挥类似的作用，但教育需要这类集群，或许在全球需要很多个，作为吸引创新者的中心。

教育系统在创新管理和创新领导方面需要更强的技能。尽管在过去10年间对学校及整个系统的领导更加重视了，但教育中的培训大多数聚焦于教学。然而，创新看上去会有风险，因为教育界的内部人士没有这方面的经验，也缺乏创新管理的支持。一种解决之道是学习印度理工学院的成功经验，它建立了一支遍布美国和印度、具有企业家精神的技术人员队伍。可以有一个“全球教育创新学院”，开始收集和传播资料，为教育系统内外的创新者提供支持。

这个过程的一个关键是把教育创新者和科技创新者联合起来。通过像“学习无边界（Learning Without Frontiers）”这样的会议，这样的事情已经在发生。很多领先的高科技公司，像微软和思科已有很多的教育实践。不过，这类创新大多由技术人员主导，由技术创新者而不是教育创新者推动。它往往来自美国的高科技中心，而不是最需要创新的地方。一种可能是发起全球性的创新营（innovation camps）项目，把创新者和技术人员带到有创新需求的市场，为共同的挑战设计有效的解决方法。编程与骇客营在软件行业很普遍。可以采用一些类似的方法来破解教育的难题。

创新得益于用户的洞见、反馈以及对产品的改造。在很多领域，公司充分采纳用户的洞见与想法，以开发和改进他们的产品，使用户成为创新的积极合作者。无论是戴尔、星巴克、英特尔、苹果、无印良品还是乐高，不同类型的公司都在寻找各种方式让用户成为创新伙伴。很多电脑游戏公司得益于用户对游戏程序的改造和添加。猫途鹰（Tripadvisor）的服务改变了旅行者评价其旅游体验的方式，让用户间相互提醒不同食宿地点的优缺点。约翰·哈蒂做的大量研究显示，师生之间的反馈是有效学习的核心。然而，教育似乎对其直接消费者的意见并不感兴趣。有很大的机会通过系统的方式让学生为创新提供支持：让学生为他们的体验评级，为形成更有效的教学方式提建议。在尼泊尔，重写未来运动为4000多个儿童俱乐部提供支持和帮助，让儿童在关于教育的讨论中有了永久的发言权。这可以在网络的帮助下成为一个更加普遍的现象。

印度西戈达瓦里地区比马斯瓦兰姆市拜拉居基金会近景。

教育的激进创新需要金融创新为之提供经费。新型学校与个性化学习需要新的商业模式：从每节在线课的支付，到像克里斯多·雷伊这样的自给自足的学校，再到免费的开放课程运动。如果不能在合适的时间吸引到合适的经费，新的想法就不会有大作为。独立的资金来源（通常通过基金会）对于大多数创新项目的起步很重要。要有更多的激进创新，则需要更多的经费，对有前景的项目更加明智地投资。教育应该向调动经费对抗全球变暖和HIV的金融创新学习，包括碳信用额和碳券。其他创新也能发挥作用，比如将教育跟微贷和Kiva平台结合起来，让发达国家的捐赠者可以对社会企业投资。在增加对创新的经费投入的同时，还需要明智投资的新技能，这就诞生了新的教育社会企业风险资本家。比尔和梅琳达·盖茨基金会和麦克阿瑟基金会在这个领域已经积累了很多经验，像美国Acumen这样的社会企业风险基金，以及英国的国家科技与艺术基金会也同样如此。可以更多地分享他们的经验。其中一条路径就是成立一个示范性的全球教育社会企业风险基金，其明确的目标就是推动能为无数学习者带来福音的改变格局的创新。另一条路径可以是创建一个全球性的教育创新挑战清单——比如大规模改善女童的基本读写教育，增加女教师的数量——然后围绕这些挑战组织全球竞赛。

到头来，政府仍然是重要的一方，尤其对于创新的规模化发展来说。需要更多的研究来揭示系统内的创新如何与来自系统之外的社会先行者的创新结合起来。我们的先行者发现存在各种类型的关系的可能性——它们可以是更大系统的提供方、部件供应方、合作者和项目方。如果有可靠的简单模式可以借用，这就会变得更加容易，政府和社会创新者、体制与运动的关系也会变得缓和而富有建设性。

这可能听起来像一个不可能实现的愿望清单。但这一切所涉及的事情，在其他行业都是很普遍的。除非教育系统能够生成更多成功的激进创新，否则系统所提供的与人们的需求之间的鸿沟就只能越来越大。

这是因为全球正在进行一场不可抑制的文化变革。人们已经不再希望被自身的过往与空间所束缚。全世界像萨米特和纳斯林、迭戈与安吉莉娜这样的男孩女孩，正在以无数的微小的方式反叛，拒绝接受他们在社会秩序中的原有地位。这些孩子期望自己的才华能被承认和得到培养。他们希望自己比父母从生活中获得的更多。如果他们的希望被辜负，那将造成非常严重的代价。

“重写历史”的发起者托弗·王在回顾这个项目成功地让1000万儿童获得更好的教育时说：“父母远比政府更有决心确保他们的孩子获得教育。他们会为确保自己的孩子上学付出千辛万苦。如果他们有这样的心，我们就不能让他们失望。我们所做的并非奇迹。它是系统的、艰苦的工作，但你不得不做。”

孩子、家长希望有更多不一样的、更好的学习方式。问题在于教育系统内和系统外的专业人士是否也想要。

YASHICA
DX
YASHICA LENS 38mm 1:3.8

参考书目

综合类

Aldrich,R. (1982) An Introduction to the History of Education. London: Hodder and Stoughton.

Aldrich,R. (2006) 'Lessons from the History of Education:The Selected Works of Richard Aldrich.' London: Routledge.

Banerjee,A.V. and Duflo,E. (2011) Poor Economics: A Radical Rethinking of the Way to Fight Global Poverty. New York: PublicAffairs.

Barber,M. and Mourshed,M. (2007) 'How the World's Best Performing School Systems Come Out on Top.' McKinsey & Co.

Barber,M. and Mourshed,M. (2011) 'How the Best Schools Systems Keep Getting Better', McKinsey & Co.

Bryk,A.S.,Bender Sebring,P.,Allensworth, E.,Luppescu,S.Organizing Schools for Improvement: Lessons from Chicago. Chicago,ILL: Chicago University Press.

Christensen,C. (1997) The Innovator's Dilemma: When New Technologies Cause Great Firms to Fail. Cambridge,MA: Harvard Business Press.

Christensen,C.,Horn,M. and Johnson,C. (2008) Disrupting Class: How Disruptive Innovation Will Change the Way the World Learns. New York; London: McGraw-Hill Professional.

Claxton,C. (2008) What's The Point of School? Rediscovering the Heart of Education. Oxford: OneWorld.

Crutchfield,L.R. and McLeod Grant,H.

(2008) Forces for Good: The Six Practices of High-Impact Nonprofits. San Francisco,CA: Jossey-Bass.

Darling-Hammond,L. (2010) The Flat World and Education: How America's Commitment to Equity Will Determine our Future. New York; London: Teachers College Press.

Dumont,H.,Istance,D. and Benavides, F.,eds. The Nature of Learning: Using Research to Inspire Practice. Paris: Educational Research and Innovation, OECD Publishing.

Friere,P. (2007) The Pedagogy of the Oppressed. London: Penguin Books.

Friere,P. (2007) Education for Critical Consciousness. New York: Continuum.

Fullan,M. (2010) All Systems Go: The Change Imperative for Whole System Reform. Thousand Oaks,CA: Corwin.

Gardner,H. (2011) Truth,Beauty,and Goodness Reframed: Educating for the Virtues in the Twenty-First Century. New York: Basic Books.

Hattie,J. (2009) Visible Learning: A synthesis of over 800 meta-analyses relating to achievement. London; New York: Routledge.

Levin,B. (2008) How to Change 5000 Schools: A Practical and Positive Approach for Leading Change at Every Level. Cambridge,MA: Harvard University Press.

Programme for International Student Assessment. (2010) The High Cost of Low Educational Performance: The Long-Run Economic Impact of

Improvements in PISA Outcomes. Paris: Educational Research and Innovation,OECD Publishing.

Prahalad,C. (2008) The Fortune at the Bottom of the Pyramid: Eradicating Poverty Through Profits,Enabling Dignity and Choice Through Markets. Philadelphia: Wharton School Publishing.

Nussbaum,M.C. (1997) Cultivating Humanity: a Classical Defense of Reform in Liberal Education. Cambridge,MA; London: Harvard University Press.

Nussbaum,M.C. (2010) Not for Profit: Why Democracy Needs the Humanities. Princeton,N.J.: Princeton University Press.

Tooley,J. (2009) The Beautiful Tree: A Personal Journey into How the World's Poorest People are Educating Themselves. Washington.DC: Cato Institute.

Tyack,D. and Cuban,L. (1995) Tinkering Toward Utopia: A Century of Public School Reform. Cambridge,MA: Harvard University Press.

Wagner,T. (2008) The Global Achievement Gap: Why Even Our Best Schools Don't Teach The New Survival Skills Our Children Need – And What We Can Do About It. New York: Basic Books.

Willingham,D.T. (2009) Why Don't Students like School: A Cognitive Scientist Answers Questions about How the Mind Works and What it Means for the Classroom. San Francisco: Jossey-Bass.

相关机构与国家更详细的资料

Abagi,O. and Odipo,G. (1997) 'Efficiency of Primary Education in Kenya: Situational Analysis and Implications for Educational Reform.'Discussion Paper DP 004/97. Nairobi: Institute of Policy Analysis and Research.

Baird,A. and Harrelson,W. (2008) Analysis of Fundación Paraguaya's Financially Self-sufficient Agricultural High School: Documenting a Model of a Financially Self-sustaining School and the Opportunities and Challenges for Replication. Washington,DC: Making Cents International for the Inter-American Development Bank.

Banerjee,A. et. al. (2005) Remedying Education: Evidence from Two Randomized Experiments in India. Cambridge,MA: National Bureau of Economic Research.

Banerjee,A. and Duflo,E. (2008) 'Addressing Absence.' Working Paper,MIT Poverty Lab. Cambridge,MA: MIT.

Barber,M. (2008) Instruction to Deliver: Fighting to Transform Britain's Public Services. London: Methuen Publishing Limited.

Barber,S.M. (2010) Education Reform in Pakistan: This Time It's Going to be Different. June. [presentation] Pakistan: Pakistan Education Task Force.

Bekman,S. (2000) A Fair Chance: An Evaluation of the Mother and Child Education Program. 2nd ed. Istanbul: Mother Child Education Foundation Publications.

Bekman,S. and Kocak,A.A. (2010) Mothers Reporting: The Mother Child Education Program in Five Countries. Istanbul: Mother Child Education

Foundation Publications.

Boekaerts,M. 'The crucial role of motivation and emotion in classroom learning.' In: Dumont,H.,Istance,D. and Benavides,F.,eds. The Nature of Learning: Using Research to Inspire Practice. Paris: Educational Research and Innovation,OECD Publishing. Ch. 4.

Bunyi,G. (2006) 'Real Options for Literacy Policy and Practice in Kenya.'Literacy for Life,Education for All Global Monitoring Report. Paris: UNESCO.

Carson,S. (2010) 'Reflections on a Decade of Open Sharing: A New Generation of Web Resources. MIT News,[online] 20 December. Available at: http://web.mit.edu/newsoffice/2010/ocw-reflections-strang.html

Chaudhury,N. et. al. (2005) 'Provider Absence in Schools and Health Clinics'. Journal of Economic Perspectives.

Christensen,C.M.,Horn,M.B. and Johnson C.W. (2010) Rethinking Student Motivation: Why Understanding the 'Job' is Crucial for Improving Education. Working Paper. Mountain View,CA: Innosight Institute.

Citizens Foundation,The. (2010). 'Light 1996-2010,Annual Report 2010'. Karachi: The Citizens Foundation.

Colbert,V. (2002) 'Improving Quality of Education for the Rural Poor: Escuela Nueva in Colombia.' In: de Moura Castro,C. and Verdisco,A.,eds. Making Education Work: Latin American Ideas and Asian Results. Washington,DC: Inter-American Development Bank. Ch. 8.

Colbert,V. et al. (2008) Escuela Nueva: Towards a New School for the XXIst Century: A Child Friendly School, International Prototype Kit Collection English Version. Bogotá: Fundación Escuela Nueva Volvamos a la Gente.

Duflo,E.,Dupas,P. and Kremer,M. (2004) 'Peer Effects,Pupil Teacher Ratios and Teacher Incentives: Evidence from a Randomised Evaluation in Kenya.'MIT Mimeo. Cambridge,MA: MIT.

Dumont,H. and Istance,D. (2010)'Analysing and Designing Learning Environments for the 21st century.' In: Dumont,H.,Istance, D. and Benavides,F.,eds. The Nature of Learning: Using Research to Inspire Practice. Paris: Educational Research and Innovation,OECD Publishing. Ch. 1.

Furco,A.'The Community as a Resource for Learning: an Analysis of Academic Service-learning in Primary and Secondary Education.' In: Dumont,H.,Istance,D. and Benavides,F.,eds. The Nature of Learning: Using Research to Inspire Practice. Paris: Educational Research and Innovation,OECD Publishing. Ch. 10.

Gandhi Kingdon,G (1999) 'School Participation in Rural India.' DEDPS No 18. London: Suntory and Toyota International Centres for Economics and Related Disciplines,London School of Economics.

Gandhi Kingdon,G. (2007) 'The Progress of School Education in India.' GPRG-WPS-071. Oxford and Swindon: Global Poverty Research Group and Economics and Social Research Council. See www.gprg.org

Ireland,T. (2007) 'Brazil: Non-formal Education.' Paris: UNESCO; also

UNESCO (2007) 'Early Childhood Care and Education in Brazil.' Policy Review Report,Early Childhood and Family Policy Series. No. 13.

Istance,D. and Dumont,H. 'The Nature of Learning: Using Research to Inspire Practice.' In: Dumont,H.,Istance,D. and Benavides,F.,eds. The Nature of Learning: Using Research to Inspire Practice. Paris: Educational Research and Innovation,OECD Publishing. Ch. 13.

Kearney,G.R. (2008) More than a Dream: The Cristo Rey Story: How One School's Vision Is Changing the World. Chicago,ILL: Loyola Press.

Lall,M.C. (2009) Creating Agents of Positive Change – The Citizens Foundation in Pakistan. Project Report. Pakistan: The Citizens Foundation.

McEwan,P.J. (1998) 'The Effectiveness of Multigrade Schools in Colombia.' International Journal of Educational Development. Vol. 19,No. 6,pp 435-452.

Medeiros Filho,B. and Galiano,M.B. (2005) Neighbourhood as School: Mobilizing the Educational Potential of the Community/Barrio-Escuela: Movilizando el Potencial Educativo de la Comunidad. São Paulo: Cidade Escola Aprendiz.

MIT OpenCourseWare. (2011) Director Letter. [online] Available at : http://ocw.mit.edu/about/director-letter/

Miyagawa,S. (2010) MIT 'OpenCourseWare: A Decade of Global Benefit.' MIT Faculty Newsletter,[online]. Vol XXIII,No. 1. Available at: http://web.mit.edu/fnl/volume/231/miyagawa.html

Moss Kanter,R. and Litow,S.S. (2009) Informed and Interconnected: A Manifesto for Smarter Cities. Working Paper 09 – 141. Cambridge,MA: Harvard Business School.

Neri,M. and Buchmann,G. (2007) 'Brazil Country Case Study.' Prepared for the Education for All Global Monitoring Report 2008. Paris: UNESCO. (2008/ED/EFA/MRT /PI/27).

Pratham (2005) 'Annual Status of Education Report,Pratham Resource Centre,Mumbai,2005 and other years.' Mumbai: Pratham.

Ramachandran,V. et. al. (2005) 'Teacher Motivation in India.' Discussion paper. Bangalore: Azim Premji Foundation.

Schiefelbein,E. (2005) Education and Employment in Paraguay: Issues and Perspectives. Working Paper No. 2. Toronto,Canada: University of Toronto, Centre for International Studies – CADEP.

Schnieder,M. and Stern,E. (2010) 'The Cognitive Perspective on Learning: Ten Cornerstone Findings.' In: Dumont,H., Istance,D. and Benavides,F.,eds. The Nature of Learning: Using Research to Inspire Practice. Paris: Educational Research and Innovation,OECD Publishing. Ch. 3.

Slavin,R.E. 'Co-operative Learning: What Makes Group-work Work?' In: Dumont, H.,Istance,D. and Benavides,F.,eds. The Nature of Learning: Using Research to Inspire Practice. Paris: Educational Research and Innovation,OECD Publishing. Ch. 7.

Wolfenden,F. (2008) 'The TESSA OER Experience: Building Sustainable Models of Production and User Implementation.' Journal of Interactive Media in Education (2).

Wolfenden,F.,et al. (2010) 'Using OERs to Improve Teacher Quality: Emerging findings from TESSA.' In: Commonwealth of Learning,Sixth Pan-Commonwealth Forum on Open Learning. Kochi,India 24-28 Nov 2010.

附录1

案例研究与相关链接

本书主要案例

非洲数学科学研究院
African Institute for Mathematical Sciences
www.aims.ac.za

学徒
Aprendiz
aprendiz.uol.com.br

克里斯多·雷伊
Cristo Rey
www.cristoreynetwork.org

新学校
Escuela Nueva
www.escuelanueva.org

巴拉圭基金会
Fundación Paraguaya
www.fundacionparaguaya.org.py

墙洞
Hole in the Wall
www.hole-in-the-wall.com

IMC周末学校
IMC Weekend School
www.imcweekendschool.nl

麻省理工学院开放课程
MIT OpenCourseWare
ocw.mit.edu

母亲儿童教育项目
MOCEP
www.acev.org

女童
Nanhi Kali
www.nanhikali.org

教育之路
Pathways to Education
www.pathwaystoeducation.ca

重写未来
Rewrite the Future
www.savethechildren.net/alliance/what_we_do/rewritethefuture

本书其他案例

萨法拉中心

Shafallah Center

www.shafallah.org.qa

撒哈拉以南非洲教师教育

TESSA

www.tessafrica.net

公民基金会

The Citizens Foundation

www.thecitizensfoundation.org

我们爱阅读

We Love Reading

www.welovereading.org

Al-Nayzak

www.alnayzak.org

布基纳法索双语教育联合体

The Bilingual Education Continuum in Burkina Faso

www.solidar.ch

未来之桥

Bridges to the Future

www.literacy.org

英国开放大学数字化教育提高项目

British Open University's Digital Education Enhancement Project

www.open.ac.uk/deep/Public/web/index.php

达尔豪斯大学可持续发展学院

College of Sustainability, Dalhousie University

sustainability.dal.ca/College_of_Sustainab.php

索丽雅连接项目课程

The Connect Programme, Soliya

www.soliya.net/?q=connect_program

亚马逊地区盐城学习项目
The Distance Learning in the Amazon Project
www.seduc.am.gov.br

为就业的教育
Education for Employment
www.efefoundation.org/homepage.html

环境保护与生物多样性项目
EnviroProtect Biodiversity Programme
enviroprotect.i-strategis.net/en/tag/biodiversity

成长空间
Espacios para Crecer
www.devtechsys.com/projects/details/combating-child-labor-dom

未来之门
Gateway to the Future
view.fdu.edu/default.aspx?id=8575

卡林加社会科学研究院
Kalinga Institute of Social Sciences
www.kiss.ac.in

KOC土耳其职业教育
KOC Turkey Vocational Education
www.mesleklisesimemleketmeselesi.com

新兴经济体移动浸没式读写学习
MILLEE
www.cs.cmu.edu/~mattkam/lab/millee.html

和平绿洲学校
Neve Shalom/Wahal al-Salam School
www.nswas.com

闪耀中心
Shine Centre
www.theshinecentre.org.za

小农乡村广播网络系统
The Smallholders Farmers Rural Radio Network
smallholdersfoundation.org/index.html

泰莫尔社区教育研究院
Tamer Institute for Community Education
www.tamerinst.org

联合国和平大学
The University for Peace, UN
www.upeace.org/UT

The 99
www.the99.org

卡塔尔教育、科学与社区发展基金会
Qatar Foundation for Education, Science and Community Development
www.qf.org.qa

卡塔尔世界教育创新峰会
WISE-Qatar
www.wise-qatar.org

附录2

全球高影响力教育创新项目一览

项目	发源地	教育阶段	创新点	影响范围/影响力
非洲数学科学研究院	南非	研究生	跨学科，合作式，基于项目的教学	计划建10个中心，每年毕业800人
学徒	巴西	中小学	社区与学校一道成为学习的中心	直接影响数千儿童，间接影响城市及国家政策
公民基金会	巴基斯坦	中小学	为实现男女生混合教育，全部聘用女性教师	已创办730所学校，服务于10.2万名儿童
克里斯多·雷伊	美国	高中	经费自给自足的学校，学生工作挣钱支付学费	24所学校的集群，服务于约6500名学生
新学校	哥伦比亚	从小学推广到中学	自主、合作学习指南，使一名教师可以同时教多名学生	该方法在哥伦比亚1.7万所学校使用，并被其他7个国家采用
墙洞	印度	中小学	基于电脑的自主学习，主要在校外，也有在校内	500台电脑，受益学生大约数百万
母亲儿童教育项目	土耳其	学前	把母亲团队培训成相互支持的教育者	直接影响30多万名母亲及其孩子，还影响了政府的早期教育政策
麻省理工学院开放课程	美国	大学	开放在线课程资源	拥有7200万个独立使用者，引发了超过200个机构参与
女童	印度	中小学女生	为帮助女生坚持学业提供特别的支持	影响了印度8个邦的7万名女生
教育之路	加拿大	高中	通过经济激励与扎实辅导，为最贫困学生的学习提供支持	16个课外教育基地，数千名贫困家庭学生受益
重写未来	挪威/英国	中小学	建更好的学校，使用非传统和加速的教学法	1000万名战乱地区儿童的教育得到改善

项目	发源地	教育阶段	创新点	影响范围/影响力
巴拉圭基金会	巴拉圭	高中	自给自足的农场学校，通过农产品和旅游收入解决办学经费不足的问题	巴拉圭有3所学校，拉美和非洲还有几所学校正在建设中，另有一个共有2000个自给自足教育项目的全球网络
萨法拉中心	卡塔尔	0—21岁	将残疾儿童的教育、健康与家庭支持等项目创造性地整合到一起	具有全球影响的残疾儿童教育中心
撒哈拉以南非洲教师教育项目	英国/非洲	教师培训	开放的培训模块资源，教师培训的在线学习平台	40余万名非洲教师受益
周末学校	荷兰	中小学	通过创造性的个性化学习项目激励孩子上学，尤其是移民社区的孩子	9所学校，主要在周日开办，每所学校100名学生，另有30个效仿项目
我们爱阅读	约旦	中小学	培训母亲在清真寺、家里和社区中心组织阅读小组	400名母亲被培训为阅读牵头人，项目正快速发展

图书在版编目（CIP）数据

可复制的教育创新：改变世界的重要力量 /（英）查理斯·里德比特著；（法）罗曼·斯塔罗斯·斯塔罗普利摄；李茂译. —北京：中国人民大学出版社，2016.10

ISBN 978－7－300－23429－8

Ⅰ.①可…　Ⅱ.①查…②罗…③李…　Ⅲ.①教育改革—研究—世界　Ⅳ.①G511

中国版本图书馆CIP数据核字（2016）第230813号

北京市版权局
著作权合同登记章
图字:01-2015-7644号

可复制的教育创新：改变世界的重要力量

（英）查理斯·里德比特 著；（法）罗曼·斯塔罗斯·斯塔罗普利 摄；李茂 译
Ke Fuzhi de Jiaoyu Chuangxin : Gaibian Shijie de Zhongyao Liliang

---

出版发行	中国人民大学出版社		
社　　址	北京中关村大街31号	**邮政编码**	100080
电　　话	010－62511242（总编室）		010－62511770（质管部）
	010－82501766（邮购部）		010－62514148（门市部）
	010－62515195（发行公司）		010－62515275（盗版举报）
网　　址	http://www.crup.com.cn		
	http://www.ttrnet.com（人大教研网）		
经　　销	新华书店		
印　　刷	北京东君印刷有限公司		
开　　本	170 mm × 240 mm　16开本	**版　　次**	2016年11月第1版
印　　张	14　插页1	**印　　次**	2018年10月第3次印刷
字　　数	170 000	**定　　价**	59.80元
